安徽行政学院（安徽经济管理学院）资助出版

系统创新贯彻实施中央全会精神
图解方法话深改

王效昭　鄢化志　刘乃汤　徐冬梅　著

全国百佳图书出版单位
时代出版传媒股份有限公司
安徽人民出版社

图书在版编目（CIP）数据

图解方法话深改/王效昭等著. —合肥：安徽人民出版社，2015.12
ISBN 978 – 7 – 212 – 08478 – 3

Ⅰ.①图… Ⅱ.①王… Ⅲ.①体制改革 – 中国 – 图解 Ⅳ.①D61 – 64

中国版本图书馆 CIP 数据核字（2015）第 292466 号

图解方法话深改

王效昭　鄢化志　刘乃汤　徐冬梅　著

出　版　人：朱寒冬	责任印制：董　亮
责任编辑：李　芳	封面设计：熙宇文化

出版发行：时代出版传媒股份有限公司 http：//www.press – mart.com
　　　　　安徽人民出版社 http：//www.ahpeople.com
　　　　　合肥市政务文化新区翡翠路 1118 号出版传媒广场八楼
　　　　　邮编：230071
　　　　　营销部电话：0551 – 63533258　　0551 – 63533292（传真）
制　　版：合肥熙宇文化传媒有限公司
印　　制：合肥中德印刷培训中心印刷厂
　　　　　（如发现印装质量问题，影响阅读，请与印刷厂商联系调换）

开本：710×1000　1/16	印张：13.5	字数：220 千
版次：2015 年 12 月第 1 版	2017 年 1 月第 2 次印刷	

标准书号：ISBN 978 – 7 – 212 – 08478 – 3　　　　　　　　　　　定价：32.00 元

版权所有，侵权必究

前　　言

　　1978年11月24日,安徽凤阳小岗村18位农民实施"大包干",创造了"小岗精神",拉开了中国改革开放的序幕。1978年12月18日至22日,党的十一届三中全会召开,作出了中国改革开放的决议。

　　历史长河,浩浩汤汤,改革伟业,继往开来,一个由点状、面上、一般性改革而转为全面、深化、系统性改革的时代来临,一个必须全面准确把握改革发展稳定关系的时代来临。2012年11月8日至14日,中国共产党第十八次全国代表大会召开,提出全面建成小康社会和全面深化改革开放的目标。2013年11月9日至12日,党的十八届三中全会召开,作出全面深化改革的决定。《中共中央关于全面深化改革若干重大问题的决定》(以下简称三中全会《决定》)包含了3大板块16个部分60条内容。为了帮助大家系统、精准掌握这次全会精神,习近平总书记作了《关于〈中共中央关于全面深化改革若干重大问题的决定〉的说明》(以下简称三中全会《说明》)。十八届三中全会部署全面深化改革任务直到2020年,气势恢宏,工程量浩繁,掀开了五位一体制度创新、15个领域330多项重大改革深化推进的历史新纪元。

　　2014年10月20日至23日和2015年10月26日至29日,党的十八届四中全会、五中全会先后召开,进一步对十八届三中全会的顶层设计作出了从法治上提供可靠保障的《中共中央关于全面推进依法治国若干重大问题的决定》(以下简称四中全会《决定》)和推进"十三五"时期具体战役落实,全面建成小康社会决胜阶段的规划建议《中共中央关于制定国民经济和社会发展第十三个五年规划的建议》(以下简称五中全会《建议》)。同样,习近平总书记作了《关于〈中共中央关于全面推进依法治国若干重大问题的决定〉的说明》和《关于〈中共中央关于制定国民经济和社会发展第十三个五年规划的建议〉的说明》(以下简称四中全会《说明》、五中全会《说明》)。我国广大干群立刻掀起了学习贯彻党的十八大和十八届三中、四中、五中全会精神的热潮,深化改革全面铺开,依法治国步步落实,科学规划务实实施,"四个全面"协调推进。

党的十八大以来的中央全会决议,目标明确,体系清晰,内容丰富。以"十三五"时期为代表,到2020年,我国将全面建成小康社会,而这是我们党确定的"两个一百年"奋斗目标的第一个百年奋斗目标。"十三五"时期是全面建成小康社会的决胜阶段,"十三五"规划紧紧围绕实现这个奋斗目标,确保如期全面建成小康社会,并为实现第二个百年奋斗目标、实现中华民族伟大复兴的中国梦奠定更加坚实的基础。

五中全会《建议》指出:"培育发展新动力""全面深化改革有力推进"。宏伟的目标,恢宏的工程,要求我们必须完整地、准确地把握中央决议精神,必须系统性、创新性推进,必须按照完善和发展中国特色社会主义制度、推进国家治理体系和治理能力现代化的全面深化改革总目标,加快完善各方面体制机制,进一步转变政府职能,为改革发展提供持续动力。

今天的中国,正在逐渐适应自己新的角色——世界经济版图的变革者、全球经济治理的参与者、国际经济秩序的建设者,秉持"公平、开放、全面、创新"理念,着力打造更有活力的开放的经济体系,积极推动和参与世界经济治理机制变革,构建合作共赢的"命运共同体"。

本书不是对党的十八大和十八届三中、四中、五中全会及党的十八大以来中央部署精神,如"四个全面"战略布局等的全面、系统解读。十八大及十八届三中、四中、五中全会闭幕以来,解读全会精神的书籍、资料,以及讲座、报告会、研讨会,内容极为丰富,包括本书作者,也是承担讲座等活动的主持者、主讲者。毫无疑问,这些工作,对全会精神的宣传贯彻,起到巨大作用。

随着工作的深入,随着改革步步深化形势的要求,尤其是面对必须全面准确把握改革发展稳定关系的时代要求,面对发展是第一要务的历史重任,面对关系我国发展全局的一场深刻变革的创新、协调、绿色、开放、共享发展,笔者越来越感到,中央重大决策、部署精神的宣传贯彻实施,在给"鱼"的同时,还要给"渔"。面对全面深化改革的艰难挑战,面对各级干部和各类管理者的任务担当，乃至社会大众对全面深化改革的理解和支持，需要有新的方法、新的工具提供给大家。生产力的三要素，工具是生产力水平的标志。那么，工具使用的先进性和创新程度，是否也应该是中央精神宣传贯彻实施水平的代表呢？

当年小岗村的"大包干"，变革生产关系，解放生产力，掀开了中国改革开放的历史。今天，全面深化改革顶层设计已经党的十八届三中全会《决议》发布，依法治国决定已经四中全会《决议》颁发，"十三五"时期的贯彻实施已经五中全会对国民经济和社会发展五年规划作出《建议》，那么，中国目前推进全面深化改革的根本矛盾是什么？中国进入全面深化改革的新阶段，究竟还需要什么？我们认为，根本矛盾在深化改革的需求巨大而改革力量不足。2015年7月20日召开的中央政治局会议指出，必须"为发展提供持续动力"。因此，本书在系统性学习、理解十八大及十八届三中、四中、五中全会的基础上，总结提炼出一些有效的方法、有用的工具。这是顺应历史的要求，探索全面深化改革历史新阶段的摸索性建树；这是顺应时代的需要，谋求推进全面深化改革的探索性实践。

这里本着给广大读者朋友提供过河之船、砍柴之斧的想法，总结学习、讲解和研讨中央全会精神的体会，形成一些比较有效和相对成形的方法，选了18个，并配以图解，奉献给大家。

为便于理解和驾驭这18个方法，作者有如下一些基本考虑敬告读者朋友。

1.创新图解方法的出发点。首要出发点就是服务于新的历史时期全面深化改革的实施，服务于党的十八届三中、四中、五中全会精神，十八大以来的中央部署，"四个全面"战略布局等的宣传贯彻和推进落实。这些方法是深入学习掌握以推进全面深化改革为重点的中央精神可以使用的方法，但它们并非对中央精神、内容的直接、全面解读，而是取例提炼，意在助力读者朋友运用方法和创立新方法，最终有益于中央精神的宣传贯彻落实。这些方法以学习贯彻落实中央全会关于全面深化改革的部署为首要目的，同时还适度兼顾了读者对理论和实践进一步拓展、深化的需要，为读者更为丰富的需求和创新预留了空间。

2.创新图解方法的数量。之所以选定18个方法,其一,考虑能够涵盖以十八届三中全会和十八届四中、五中全会精神及内容为主的全面深化改革的重点、要点的需要;其二,能够形成方法简洁的体系、架构,较好地、成系统性地服务于读者;其三,注意给读者朋友留出自主创造空间,激励广大读者进一步创造出比本书丰富千倍万倍的方法,并运用方法推进全面深化改革,创造出中华民族空前辉煌的建树。

这里还需要进一步说明的是,如上阐述基于的是显性的方法。对于中央重大改革选项以及推进全面深化改革要探讨解决的一些重要问题需要的诸多方法,我们除以独立命名的18个显性方法作出提炼介绍外,还在一些方法的内部或多个方法之间,甚至全书的首尾、前后照应之中,以灵活的方式做出了多种方法的隐性表达。在一个方法内部,一般是以系统性的方法思路来作出表述。以第15法(改进方式法)的内容表述为例,其包含了经济发展方式、社会治理方式和微观管理方式,同时首先以"互联网+"为方式阐述的引领,加深了寓意。在几个方法之间,会围绕一个重大事项予以表述。以坚持党的领导和深化党的建设制度改革这个重大命题为例,虽然书中没有把这一命题提炼成一个单独的方法予以阐释,但采取内含于几个方法之中的处理方式作出了阐述。其中,第一法即内含了坚持党的领导对实现总体驾驭的地位、作用和途径的阐释;紧接第二法明确阐述了为保障总体驾驭的成功,党的领导地位不能动摇、党的领导地位不可动摇、党的领导地位不会动摇;然后又分别于第七法(健全完善制度法)、第十八法(底线控制法)在国有企业制度建设和基层党组织纯洁性工程建设层面,对深化党的建设制度改革作出具体实施的阐述。还有,我们不仅注意每法内部重点瞄定一个事项,或者几个方法联合作用于一个重大命题等方法,同时还从促成良性循环等尽力放大效用的目的出发,促使衍生出更多有用有效的方法,譬如,使一个方法的内涵首尾相应,将全书的内容首尾相接等。

3.创新图解方法的编排顺序、基本架构。为利于读者朋友的理解和整体把握以及调动阅读兴趣,并考虑各类方法、各个方法自身的独特性,我们对18个方法,在形式上,以图文并举体现;在体系上,归纳为3大类展示(书中设计为上、中、下3篇)：其一，逻辑推进之法(内含5个方法)，侧重以内在逻辑的推进，达到从全局或重点步步深入地推动深化改革的方法。其二，重点拓展深化之法(内含10个方法)，选择全面深化改革的重点来推进拓展、深化改革的方法。其三，特色实践之法(内含3个方法)，重在特殊性、兼具普遍性而总结提炼的推进改革发展的实践之法。

具体到每一个方法，在具体内容介绍之前，为方便读者的阅读和对方法的总体驾驭，特意以"本法提要"对每法的内容要点和架构逻辑作出概括阐释。方法的具体内容，则分作4个层次作出介绍：一、本方法的含义；二、本方法的举例分析说明；三、本方法的拓展应用；四、本方法的历史镜鉴宝典。其中，第一个层次，重在认识方法本身的基本内含。第二个层次，以三中全会《决定》和四中、五中全会精神的相关条目为重要举例和辅助举例，对方法作出理论联系实际地进一步阐释，既使对方法的认识获得深化，同时对全面深化改革的理解、落实作出推进。第三个层次、第四个层次，则分别从中国当今重大改革命题和中国革命历史宝贵传统经验、中国五千年文明积淀的角度，对方法的内涵阐释和实践深化作出广度和深度兼具的大跨度延伸，力图使读者朋友对方法的认识和使用获得进一步拓展。

4.创新图解方法的举例。本书阐释18个方法，在对每个方法作简要的含义介绍之后，主要采用举例阐述的办法，让读者逐一掌握。所举的例子，除方法含义介绍等内容中使用的简短事例外，主要例子分作3类：其一是，重点举例，选择三中全会《决定》相关条款、内容，以及四中全会《决定》、五中全会《建议》和习近平《说明》、重要系列讲话为例而加以阐释。为方便读者全面、系统掌握18法的这类重点举例，特将它们的条目以一览表形式集中列出(见表1)。其二是，在如上举例的基础上，瞄定中央全面深化改革领导小组决策，选择我国改革发展前沿重大战略命题及实践探索，作出"拓展应用举例"。其三，发掘极为宝贵的中国革命历史传统经验和源远流长的中华文化精髓，以"历史镜鉴宝典"为名，再选例作出进一步拓展深化阐述。通过如上几个层次和几类举例，力争给读者朋友提供视野更为宽阔、内涵更为深邃、推进全面深化改革力度更大的18种方法的阐释。

表1　十八法重点举例一览表

方法序号	方法名称	举例内容
第一法	总体驾驭法	三中、四中全会《决定》，五中全会《建议》； 三中、四中、五中全会《说明》；习近平讲话
第二法	要点提领法	三中全会《决定》2、3、60条等条目； 四中全会《决定》，五中全会《建议》；习近平讲话
第三法	层层递进法	三中、四中全会《决定》，五中全会《建议》； 三中、四中、五中全会《说明》
第四法	条分缕析法	三中全会《决定》第三部分； 四中全会《决定》，五中全会《建议》
第五法	比对深化法	三中全会《决定》10条； 四中全会《决定》，五中全会《建议》
第六法	制度与时俱进法	三中全会《决定》27、28、29条；五中全会《建议》
第七法	健全完善制度法	三中全会《决定》7、5、17、18条； 五中全会《建议》
第八法	深化体制改革法	三中全会《决定》46、31、55条；五中全会《建议》
第九法	健全完善体制法	三中全会《决定》38、23、43条；五中全会《建议》
第十法	建立健全机制法	三中全会《决定》33、34、35条；五中全会《建议》
第十一法	"三制"合力法	三中全会《决定》36、35、37条；五中全会《建议》
第十二法	创新构建体系法	三中全会《决定》20、40条；五中全会《建议》
第十三法	健全完善体系法	三中全会《决定》14、15、16条；五中全会《建议》
第十四法	建立规则法	三中全会《决定》9、10条；五中全会《建议》
第十五法	改进方式法	三中全会《决定》47、48、49、50条；五中全会《建议》
第十六法	资源配置法	三中全会《决定》22、23、24条；五中全会《建议》
第十七法	正确履职法	三中全会《决定》15、35条等； 四中全会《决定》；五中全会《建议》
第十八法	底线控制法	三中全会《决定》52条； 四中全会《决定》；五中全会《建议》

5.创新图解方法的使用。这里所说的方法,其含义主要是指做法、办法。综观我国古代关于"法治"概念的内涵,其既有现代人理解的关于法律之治的"法治"内容的共同理解成分,也有方法之治的"法治"内容的不同理解成分,本书重点阐释的是做法、办法。之所以如此,从方法的使用目的来说,前已说到,创立方法的首要目的是系统性推进十八大和十八届三中、四中、五中全会部署的深入贯彻、落实,推进全面深化改革的实施。中央全会内容极为丰富,部署的改革发展任务极为艰巨,所以,贯彻中央精神之工具,推进改革之方法,应该丰富多彩,有力有效。

从方法的内容来说,本书每篇每法的用意、指向明确,举例的基本内含、规律清楚,读者重在运用方法内含的规律、原则、路径、手段去实现效用,而不必过分拘泥于举例的特定内容及约束条件,尤其是联系经济新常态及其内含规律,这里介绍的方法内容的价值就更为清楚了,那就是,追求在新常态下发挥出应有效用,在"四个全面"战略部署推进中提升效率、达成效果。同时,这里方法的创立,本身也是重在启发、激励,而非告知读者绝对固化的方法模型。方法问题,说到底其本质是人生观、价值观、世界观问题,全面深化改革给我们提出的方法问题挑战,追根溯源其实质是"三观"的挑战,是"推动物质文明和精神文明协调发展"(五中全会《建议》)的挑战。

从方法的形式性来说,这些是方法,不能代替中央全会的精神内容;这些是方法,每个方法虽然都不是孤立的,但也都有自己的局限性。它们各有所长、各有所用,同时各有所短、各有所限。它们各自既是独立的,同时又相互联系。在具体运用上,可一法独用,也可几法联用、多法合用,总之,桥和船都是手段,过河才是目的。

古人云:"授人以鱼不如授人以渔"。面对全面深化改革和准确把握改革发展稳定关系的严峻挑战,我们同时要重视"授人以渔"。18法的创立,是一项探索,积极意义鲜明,但其不成熟、不完善之处,在所难免。因此,既是限于作者的客观水平,也是基于作者的基本心愿,那就是,希望在推进全面深化改革的伟大实践中,弘扬中华民族五千年文明和中国光荣革命传统蕴含的勇气、智慧,携手共进,从小处来说,使本方法的创立更为完善;从大处来说,在理解和具体落实党的全面深化改革部署的进程中,促进读者朋友创造出更为多彩、更加有效的方法,去出色地开拓进取,去实现中华民族伟大复兴之梦。

目录 CONTENTS

前　言 ·· 001

上篇　逻辑推进之法

第一法　总体驾驭法 ··· 003

第二法　要点提领法 ··· 019

第三法　层层递进法 ··· 032

第四法　条分缕析法 ··· 041

第五法　比对深化法 ··· 051

中篇　拓展深化之法

第六法　制度与时俱进法 ·· 063

第七法　健全完善制度法 ·· 076

第八法　深化体制改革法 ·· 088

第九法　健全完善体制法 ·· 101

第十法　建立健全机制法 ·· 111

第十一法　"三制"合力法……………………………………121

第十二法　创新构建体系法…………………………………131

第十三法　健全完善体系法…………………………………141

第十四法　建立规则法………………………………………150

第十五法　改进方式法………………………………………158

下　篇　特色实践之法

第十六法　资源配置法………………………………………169

第十七法　正确履职法（科学用权法）……………………179

第十八法　底线控制法………………………………………189

主要参考书目…………………………………………………199

后　记…………………………………………………………201

上　篇　逻辑推进之法

本篇收入5个方法，取名"逻辑推进之法"，一则是对这5个方法特点的概括提炼；二则是针对这个浮躁风气颇盛的社会，为推进学习贯彻党的十八大和十八届三中、四中、五中全会精神的逻辑深入而加力。

本篇收入的5法，各有特色，各有突出的重点，相互之间亦有密切的联系。总体驾驭法，重在通过纲目的全局性统领，而实现对总体的理解、掌握；要点提领法，突出提炼要点及通过把握要点而达到提领全局；层层递进法，突出掌控全局中的重要逻辑关系，层层演进，而实现脉络性深度掌握全系统；条分缕析法，重在攻克严密体系的理解和展示，通过条分缕析而实现对其全系统的精准掌握；比对深化法，主要用于两个或几个要素（或事物等）之间的深入比较，通过比对而实现对有关要素的深入认识和把握。

本篇5法，立足于全面深化改革的推进，或侧重纲目统帅、要点提领，或通过逻辑递进、经纬解析，或选点比对、比较鉴真，目的是达到全面、全局有效掌控，重点、要点精准把握。本篇5法，虽各有侧重，但相互联系密切，因此，如能将5法紧密结合，融合运用，则党的十八大和十八届三中、四中、五中全会精神的学习贯彻，全面深化改革的推进，将获得更有力、更有效的落实。

第一法　总体驾驭法

本法提要

本方法的内含结构及介绍的主要内容是：其一，本方法的含义。从盲人摸象反例入手，接下来介绍方法的基本含义、意义。其二，本方法的举例分析说明。总结美国通用汽车公司因为缺少一张体系架构图而导致破产的事件，重点举例采用汇聚纲目和图示的方法，对十八届三中、四中、五中全会决定内容实现总体掌握。其三，本方法的拓展应用。以当今中国全面战略布局的"四个全面""五大发展理念"，实现总体驾驭的宏观提升；在此基础上，进一步延展深化，总结新一届中央领导由最高层战略而到政策策略，再到严密、坚定实施举措的步步推进，实现纵向循序推动，深化立体管理。其四，本方法的历史镜鉴宝典。以中华五千年文明积累典型，中国第一部系统、完整叙述国家机构设置、职能分工，包含古代官制、军制、田制、税制、礼制等国家总体治理体系的《周礼》等为例作出阐释。从而，以一则反例入手寻求质变和飞跃，达成"四个全面"战略布局、"五大发展理念"指引、全面深化改革、中国古代国家治理体系借鉴的总体驾驭，实现纵览中国古今，横跨改革发展全局，从基本含义、基本实践直到"希声""无形"的最高境界，对总体驾驭法作出探索性的方法建设阐述，以飨读者。

一、本方法的含义

中国有一个很有名的寓言故事，叫"盲人摸象"。说的是几个盲人，各以自己摸到的大象的那一个局部，来定义大象的总体，于是，有的说大象像一堵墙，有的说大象像一根柱子，有的说大象像一把大蒲扇等等，所以都说错了,而且错误的本质是一样的。明眼人可能会感到很好笑,因为一眼就可看出盲人的错误和他们错误的共同本质。但如果设身处地想想盲人的处境,能够做到正确地、完整地认识大象之形,可能未必轻松、简单。如果不相信,那就听听老子在说"道"的至高境界时,所用的"大音希声,大象无形"(老子《道德经》第四十一章),咱们来试着理解,看看要真正做到全面认识直至总体驾驭一个大事物,到底有多难。此时,我们再回过头来换位思考一下,还会轻言"盲人摸象"不难吗?老子所描述的"希声""无形"状态,应该是我们努力追求的总体驾驭的境界。

所谓总体驾驭,第一,驾驭的对象必须是全局、整体、各要素密切联系的。这个总体,既是横向平面的总体,又是纵向延伸的总体,乃至三维立体的总体,而且同时不是简单加总。一个完整的组织体(或事物),是由诸多最基本的单元要素构成的。要实现对一个组织体的总体驾驭、有效掌控,大到对该组织的整体,小到对其构成单元,再到组织体内部要素之间的联系,组织体与外部环境的关系,组织运行变化与运行目标、任务的匹配、协调,全都要实现精准认识、有效把握。当然,一个庞大组织的精细管理,不是一个自然人所能胜任的,那需要组织的层级划分、条块分割和有关责任分担,而本法所强调的是总体驾驭。

第二,驾驭的过程和效果必须是系统、完整、高效的。推进全面深化改革,毫无疑问,要注重结果,但鉴于改革的复杂性、长期性,要确保最后的成功,必须格外重视过程管控,重视过程环节的信息反馈和及时修正,以保障过程的效率和最终的结果。

第三,总体驾驭的基础必须是物质和精神相统一的。这其中,特别要辨清形似而神非,坚决抛弃形式主义;特别要明辨抽象肯定而具体否定,坚决摒除抽象空话满天飞不落地;特别要警惕言不由衷、心口不一、内外不一,不仅注意提升领导者、管理者及所有相关人员的具体操作手段和方法水平,更要注重人生观、价值观、世界观的修炼、提升和凝聚。大的组织体需要如此,小的组织体,即便只有3个人、2个人,也必须如此。否则,一个组织的领导团队人数不多,为什么常常问题多多?社会上普遍存在的3口之家、2人之家,为什么会常常矛盾不断?由此可见一斑。

要实现组织的运行目标,对该组织的总体管理、有效驾驭是前提。因此,作为一个领导干部,作为一个管理者及其他相关人员,对被其管理、被其领导的组织整体,包括政府机构、社会组织、企业和事业单位,乃至家庭组织等的有效掌控,是主客观的必然要求。

要实现对一个组织、一个事物的总体驾驭,有很多的方法。通过方法的研究和掌握运用,将使管理者、领导者等人员的管理成本大大降低,管理成效大大提升,从而收获事半而功倍之果。

二、本方法的举例分析说明

实现对组织、对事物的总体驾驭,方法很多、事例很多,这里的重点举例主要是对十八届三中全会《决定》(以及四中全会《决定》、五中全会《建议》)内容,以板块、部分、条目3个层次(参见图1-1),层层分解和结构成图。借助图示,使人们对三中、四中全会《决定》、五中全会《建议》精神、内容从图的上部至下部,分作三大层次展示,实现层层推进、步步细化的认识。在完整认识此结构图的基础上,结合下图(图1-2、图1-3、图1-4),达到对三中、四中、五中全会精神、内容总体领会和掌握的目的。

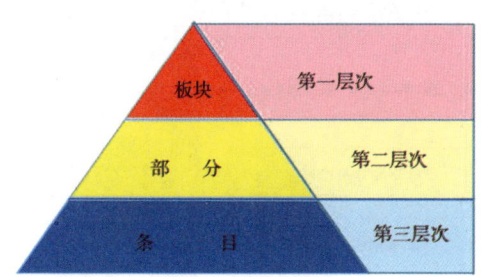

图1-1　总体驾驭法举例示意图Ⅰ

(十八届三中、四中全会《决定》、五中全会《建议》内容结构层次图)

结构图的第一个层次——板块,以三中全会《决定》为例,将其全部内容分解为三大板块,即总论、分论和组织领导。

第二个层次——部分,进一步分解3大板块成16个部分。其中,第一板

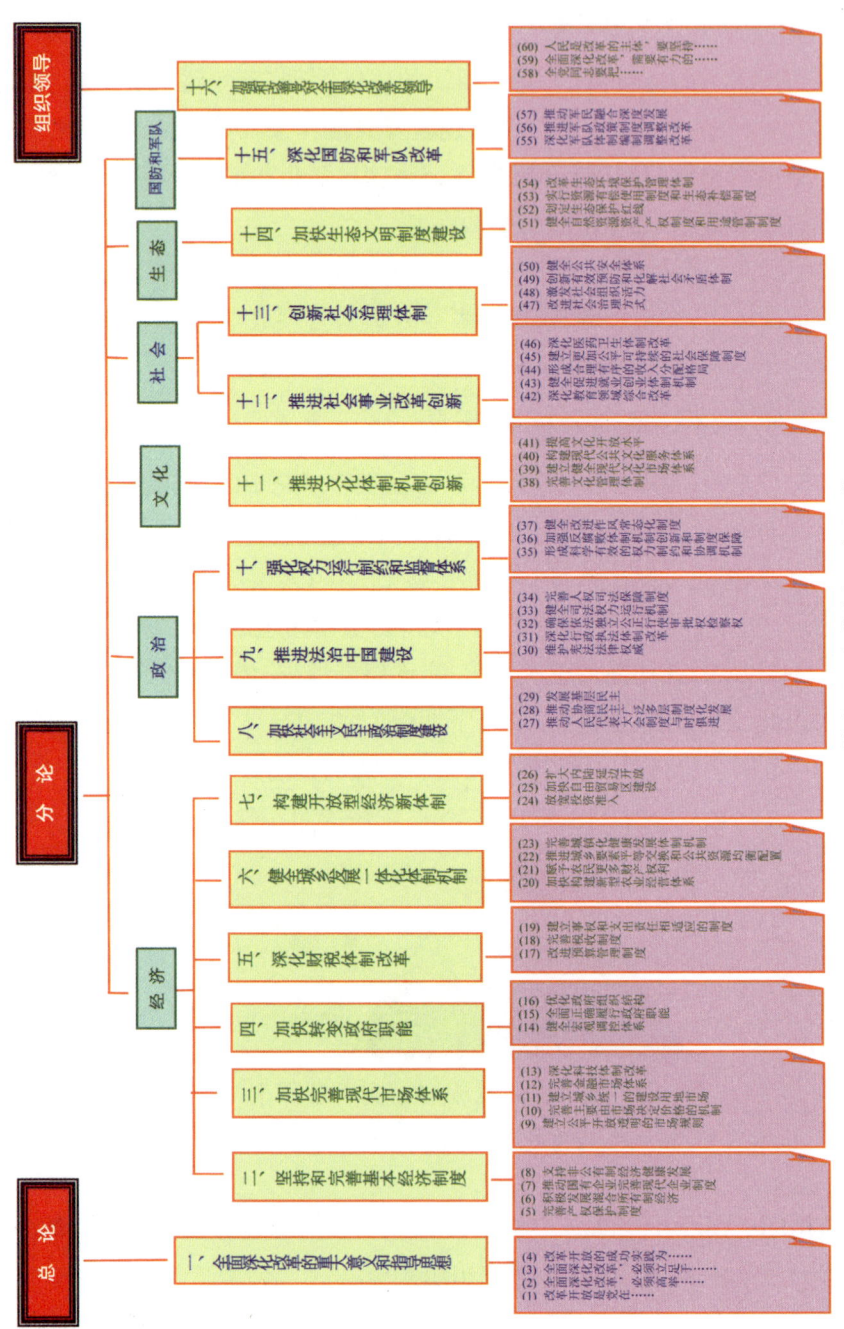

图1-2 总体驾驭法举例示意图Ⅱ
(十八届三中全会《决定》内容纲目图)

块,即三中全会《决定》的第一部分,是总论,其完成对全面深化改革的重大意义、指导思想、总体思路的阐述。第二板块,是分论,从经济、政治、文化、社会、生态文明、国防和军队6个方面,具体阐述全面深化改革的主要任务和重大举措。其中,经济分论包含6个部分(第二至第七部分),政治分论包含3个部分(第八至第十部分),文化分论1个部分(第十一部分),社会分论2个部分(第十二、十三部分),生态分论1个部分(第十四部分),国防和军队分论1个部分(第十五部分)。第三板块,是组织领导,由第十六部分构成,主要阐述加强和改善党对全面深化改革的领导。

第三个层次——条目,依据三中全会《决定》60条的划分,进一步对其16个部分的各部分构成条目作出分解。至此,使三中全会《决定》内含的3大板块、16个部分、60条全部内容的结构框架、各部分构成、归属关系等一目了然地呈现于读者面前(见图1-2)。四中全会《决定》的3大板块、7个部分的内容结构,五中全会《建议》的3大板块、8个部分的内容结构,同样可以作出令人一目了然的图示(见图1-3、图1-4)。

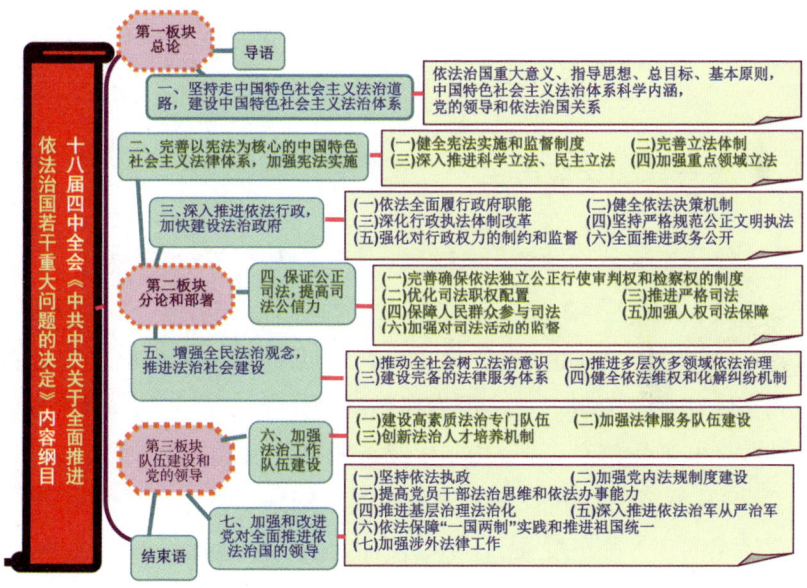

图1-3　总体驾驭法举例示意图Ⅲ
（十八届四中全会《决定》内容纲目图）

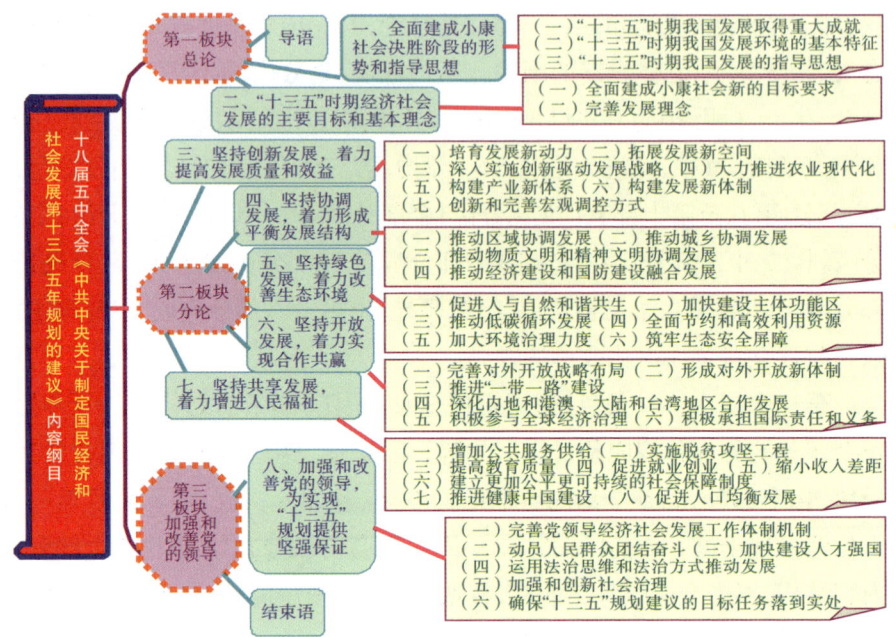

图1-4　总体驾驭法举例示意图Ⅳ

（十八届五中全会《建议》内容纲目图）

三、本方法的拓展应用

（一）缺少一张总体驾驭图，导致美国通用汽车公司走向破产

鉴于图1-1和图1-2、图1-3、图1-4的简单、直观，可能会给读者朋友造成笔者在这里故弄玄虚的感觉。其实，大道至简，这貌似简单之中，内涵的道理和实践却至繁至艰。一个极为典型的例子是，在很大程度上代表着美国精神载体的通用汽车公司，2009年经济危机导致其走向破产，追究根本原因，问题竟然就出在其管理上缺失了类似的这么一张简单、明了的组织和运营体系图——临危受命，且不辱使命实现了快速拯救通用汽车公司于水火的美国著名企业家，原美国电话电报公司董事长兼首席执行官埃德·惠塔克里，作出了如此的深刻反思：

百年的运转,灿烂的光环,使通用汽车公司的上上下下陶醉于既往的成功之中,迷信于矩阵式管理模式,画不出一张能指引其走出泥淖、走出迷宫的管理职能体系图,以致走向了极端,走向了反面。通用太大了,这种大,不仅指它的规模,更在于它的价值。美国号称为汽车轮子上的国家,而通用汽车是美国乃至世界汽车的代表。美国精神,很大程度上是汽车精神,是通用精神。再者,失去通用及其带来的巨大连锁反应,对美国制造业的打击,对美国多种产业乃至精神的打击,将可能是万劫不复的灾难。雷曼兄弟已经死亡,对于通用汽车的存亡,美国总统奥巴马深知其利害,于是亲自插手,几番换将,终于找到症结,最终才使百年通用凤凰涅槃。

由上述举例可见,本方法简单、直观,但深入进去和使用起来,其帮助实现全局掌控的正确价值、精准效率是很高的。只是要真正做到深切认识、正确实践,绝非易事。否则,群英荟萃的世界企业航空母舰的通用汽车,也不会犯下如此错误。

(二)建设一张总体驾驭图,帮助推进全面深化改革

至此,笔者感到有必要同读者朋友一起进一步明确认识:中国新时期的全面深化改革,其难度远超拯救美国通用汽车公司千倍万倍。因此,鉴于如上介绍和要实现的,还仅是一种粗略架构的简介和掌握,一种平面、静态为主的内容的理解,所以这里的拓展应用,还必须有更进一步的追求。

仍然回到三中全会、四中全会《决定》,五中全会《建议》纲目图,如对它们再作动态深入推进和立体提高升华,其深度会不可限量。例如,读者朋友可根据本书后续各方法的举例内容,对三中全会、四中全会《决定》,五中全会《建议》的相关条目作进一步分解,并将它们依序一一链接于本图之下,则最终将做成一张三中全会《决定》(四中全会《决定》、五中全会《建议》)内容大系图;按此大系图指向,推进实施,则丰富的实践将反过来会对本方法作出进一步丰富、发展,如此,则实现了理论与实践的良性循环。

为保障党的十八届三中全会《决定》顶层设计的完善、到位的贯彻实施,党的十八届四中全会作出依法治国的决定。四中全会《决定》内容分作三大板块七个部分(另加导语、结束语)。第一板块(由导语和第一部分构

成)属于总论,主要阐述全面推进依法治国的重大意义、指导思想、总目标、基本原则等重大问题。第二板块(由第二部分至第五部分构成)属分论,从目前法治工作基本格局出发,对科学立法、严格执法、公正司法、全民守法进行论述和部署。第三板块(由第六部分、第七部分、结束语构成)属于根本保障,主要阐述法治工作队伍建设,加强和改进党对全面推进依法治国的领导(见图1-3)。

为重点推进党的十八届三中全会《决定》顶层设计在"十三五"时期的完善、到位的贯彻实施,党的十八届五中全会作出"十三五"规划的建议。五中全会《建议》内容分作3大板块8个部分(另加导语、结束语)。导语和第一、第二部分构成第一板块,属于总论。该板块指出了全面建成小康社会决胜阶段的形势和指导思想,总结"十二五"时期我国发展取得的重大成就,分析"十三五"时期我国发展环境的基本特征,提出"十三五"时期我国发展的指导思想和必须遵循的原则,全面建成小康社会新的目标要求,并阐释了创新、协调、绿色、开放、共享的发展理念。第三至第七部分构成第二板块,属于分论,分别就坚持创新发展、协调发展、绿色发展、开放发展、共享发展进行阐述和部署。第八部分和结束语构成第三板块。该板块强调,加强和改善党的领导,为实现"十三五"规划提供坚强保证。结束语号召全党全国各族人民万众一心、艰苦奋斗,共同夺取全面建成小康社会决胜阶段的伟大胜利。(见图1-4)

统揽图1-2、图1-3、图1-4这3张图,读者朋友自会有总揽全局、深谋远虑的深切体会,并获得如期取胜和法治保障的原则界定、路径指引及系统良策。

细心的朋友,还会发现进一步细化这3张图的方法、路径,一种方法是,将本书介绍的其他方法、内容,链接于这3张图合适的位置;另一种方法是,将3个全会《决定》(《建议》)的内容,逐项或根据各自工作重点要求的内容,将之整理链接于这3张图下,则推进全面深化改革的内容、路径、保障的大系图,便呈现在各位尊敬的朋友面前。以四中全会《决定》第一部分为例,该《决定》原文7个部分中,唯有这一部分没有用"(一)、(二)、(三)……"这样的条目来表述,其实,其内含是非常清楚的,只要稍作加工,便条目明晰地呈现于眼前。这里试作添加序号表述——十八届四中全会《决定》原文表述清楚,这里只是变化一下方式,试加"(一)、(二)、(三)……"和"1、2、3……"来条目化表达:

(一)依法治国的重大意义

1.依法治国,是坚持和发展中国特色社会主义的本质要求和重要保障;

2.依法治国,是实现国家治理体系和治理能力现代化的必然要求;

3.依法治国,是全面深化改革、完善和发展中国特色社会主义制度,提高党的执政能力和执政水平的必然要求;

4.依法治国,是全面建成小康社会、实现中华民族伟大复兴中国梦的必然要求;

5.依法治国,事关我们党执政兴国,事关人民幸福安康,事关党和国家长治久安。

(二)全面推进依法治国的指导思想

指导思想是:"全面推进依法治国,必须贯彻落实十八大和十八届三中全会精神,高举中国特色社会主义伟大旗帜,以马克思列宁主义、毛泽东思想、邓小平理论、'三个代表'重要思想、科学发展观为指导,深入贯彻习近平总书记系列重要讲话精神,坚持党的领导、人民当家作主、依法治国有机统一,坚定不移走中国特色法治道路,坚决维护宪法法律权威,依法维护人民权益、维护社会公平正义、维护国家安全稳定,为实现'两个一百年'奋斗目标、实现中华民族伟大复兴的中国梦提供有力法治保障。"

——对如上"指导思想",抓住"精神""旗帜""指导"和"深入贯彻""坚持""道路""维护""保障"等关键词来理解,就条目清晰、层次清楚,易于把握了。

(三)全面推进依法治国的总目标

总目标是:"全面推进依法治国,总目标是建设中国特色社会主义法治体系,建设社会主义法治国家。这就是在中国共产党领导下,坚持中国特色社会主义制度,贯彻中国特色社会主义法治理论,形成完备的法律规范体系、高效的法治实施体系、严密的法治监督体系、有力的法治保障体系,形成完善的党内法规体系,坚持依法治国、依法执政、依法行政共同推进,坚持法治国家、法治政府、法治社会一体建设,实现科学立法、严格执法、公正司法、全民守法,促进国家治理体系和治理能力现代化。"

——对如上"总目标",宜分作两个层次来理解,其一,是对总目标的界定,其构成是两个:一是建设中国特色社会主义法治体系;二是建设社会主义法治国家。其二,是对总目标的细化阐释。由此可见,其内含条目同样是十分清晰的。

(四)实现依法治国总目标的基本原则

——十八届四中全会《决定》原文的这部分内容,每条是用"——"来引导的,如用"1、2、3……"表示,则是:

1.坚持中国共产党的领导。

2.坚持人民主体地位。

3.坚持法律面前人人平等。

4.坚持依法治国和以德治国相结合。

5.坚持从中国实际出发。

还有两个问题,也是理解四中全会《决定》这部分内容比较突出的重点,这里一并试做整理:

其一,中国特色社会主义法治道路的核心要义,其主要内涵是:

1.党的领导,是中国特色社会主义的最本质的特征,是社会主义法治最根本的保证。

2.人民,是依法治国的主体和力量源泉,人民代表大会制度是保证人民当家作主的根本政治制度。

3.中国特色社会主义制度,是中国特色社会主义法治体系的根本制度基础,是全面推进依法治国的根本制度保障。

4.中国特色社会主义法治理论,是中国特色社会主义法治体系的理论指导和学理支撑,是全面推进依法治国的行动指南。

5.中国特色社会主义道路、理论体系、制度,是全面推进依法治国的根本遵循。

其二,党的领导和依法治国的关系,其主要内涵是:

1.坚持党的领导,是社会主义法治的根本要求,是党和国家的根本所在,命脉所在,是全国各族人民的利益所系,幸福所系,是全面推进依法治国的题中应有之义。

2.党的领导和社会主义法治是一致的,社会主义法治必须坚持党的领导,党的领导必须依靠社会主义法治。

有了如上的加工、整理,参照上述图1-1和图1-2、图1-3、图1-4的制图思路和办法往下延伸、链接,则一张推进全面深化改革(同样的另一张全面推进依法治国、再一张推进"十三五"规划)实践需要的大系图,便可并不十分困难地做成。

(三)进一步推进总体驾驭法的拓展和深化

在简单直观并借助图解来理解总体驾驭法的基础上,面对我国空前繁难的改革使命,对总体驾驭法的掌握,起码还应从两个方面作出拓展和深化理解:第一个方面是宏观范畴的总体驾驭;第二个方面是步步推进的总体驾驭。

第一个方面,从涵盖总体、统领全局的总体驾驭来看。

一个最好的例证和重要实践就是"四个全面",即全面建成小康社会、全面深化改革、全面推进依法治国、全面从严治党。(见图1-5)

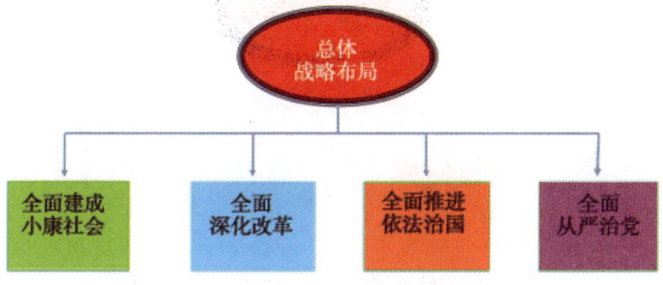

图1-5 总体驾驭法举例示意图Ⅴ
("四个全面"示意图)

关于"四个全面",从时间轴来看,是在不同高层会议场合逐步提出的。2012年11月党的十八大提出了全面建成小康社会;2013年11月党的十八届三中全会提出全面深化改革;2014年10月党的十八届四中全会提出全面推进依法治国;2014年10月8日在群众路线教育实践活动总结大会上提出全面推进从严治党。

关于"四个全面",从涉及内容来看,其一,全面建成小康社会——2012年,党的第十八次全国代表大会报告提出,确保到2020年实现全面建成小康社会宏伟目标的时间表,以及经济持续健康发展,人民民主不断扩大,文化软实力显著增强,人民生活水平全面提高,资源节约型、环境友好型社会建设取得重大进展等具体内涵。2016年至2020年,是我国全面建成小康社会的决胜阶段的5年,党的十八届五中全会指出:"到2020年全面建成小康社会,是我们党确定的'两个一百年'奋斗目标的第一个百年奋斗目标。'十三五'时期是全面建成小康社会决胜阶段,'十三五'规划必须紧紧围绕实现这个奋斗目标来制定。"五中全会《建议》提出了创新、协调、绿色、开放、共享的发展理念,并以这五大发展理念为主线对该《建议》进行谋篇布局。这五大发展理念,是"十三五"乃至更长时期我国发展思路、发展方向、发展着力点的集中体现,也是改革开放30多年来我国发展经验的集中体现,反映出我们党对我国发展规律的新认识。(参见图1-6)

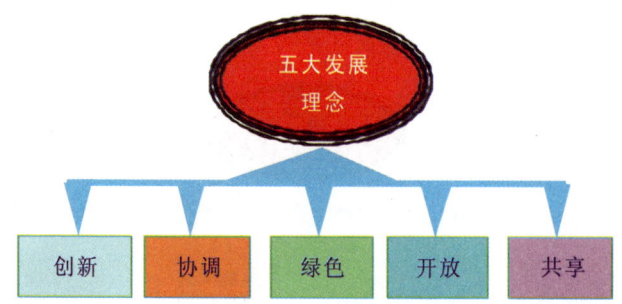

图1-6　总体驾驭法举例示意图Ⅵ
("五大发展理念"示意图)

其二，全面深化改革——2013年11月，党的十八届三中全会《决定》提出全面深化改革的总目标是完善和发展中国特色社会主义制度，推进国家治理体系和治理能力现代化，并对经济体制改革、政治体制改革、文化体制改革、社会体制改革、生态文明体制改革及国防和军队改革、党的建设制度改革进行了全面部署。

其三，全面推进依法治国——2014年10月，党的十八届四中全会《决定》对全面推进依法治国作出全面的战略部署。

其四，全面从严治党——2014年10月，在党的群众路线教育实践活动总结大会上，提出全面推进从严治党的要求，并对全面推进从严治党作出了全面战略部署。

"四个全面"，从本质上体现了完整的战略布局，这恰是总体驾驭法的最重要、最本质的要求。就"四个全面"这个战略布局来说，它蕴含了深刻的战略思想。其将全面建成小康社会定位为实现中华民族伟大复兴中国梦的关键一步；将全面深化改革的总目标确定为完善和发展中国特色社会主义制度、推进国家治理体系和治理能力现代化；将全面依法治国论述为全面深化改革的抓手、定海神针和助推器；对全面从严治党，第一次为其标定路径，要求增强从严治党的系统性、预见性、创造性和实效性。

第二个方面，从步步推进、纵跨全局的总体驾驭来看。

对一个组织、一项事物的总体驾驭，如上所述，既应包含一般层面的延展、深化，还应扩展至宏观全局的全面掌控，在此基础上，对一项宏大工程来说，还应实现纵跨全过程的把握，即应从战略高度、从哲理层面作出深度探索与前瞻性界定，并做好科学规划和严密组织实施。就三中、四中、五中全会《决定》（《建议》）为代表的中央全会精神的贯彻实施和探索、前瞻来说，新一届中央领导切实身体力行，率先垂范，已经作出了很多有益探索、积极建树，这里试做举例。

2013年7月，习近平总书记在湖北调研，首提推进全面深化改革的5个重大关系。他指出，要把握全面深化改革的重大关系，处理好解放思想和实事求是的关系、整体推进和重点突破的关系、顶层设计和摸着石头过河的关系、胆子要大和步子要稳的关系、改革发展稳定的关系。这是在十八届三中全会召开前的4个月,其深思熟虑这次全会要解决的重大战略关系的思考。十八届三中全会顺利召开之后3个月的2014年2月,其在中央党校省部级主要领导干部专题研讨班上,首次辩证地提出关于学习理解全面深化改革政策部署的5个关系。他说,要弄清楚整体政策安排与某一具体政策的关系、系统政策链条与某一政策环节的关系、政策顶层设计与政策分层对接的关系、政策统一性与政策差异性的关系、长期性政策与阶段性政策的关系。这显然是对三中全会顶层设计和最高战略部署的政策层面的落实,是对5大战略关系的政策、策略上的5个细化推进。深入领会和全面理解这前后两个5个关系,对三中全会《决定》部署的掌握和实施,将提升到一个新的高度,总体驾驭之法也获得全面系统性战略统驭和严密系列性政策实施的深化和升华,对"大音""大象"之"希声""无形"境界,更带来诸多联想、启迪。

四、本方法的历史镜鉴宝典

总体驾驭法,为学习贯彻中央全会决定提供一种总揽全局的视域和整体把握的思维。这种思维方法的特点是对整体结构从逻辑体系上予以领会、理解,从而使阅读领会内容,掌握结构、精神,指导工作实践等各个阶段,都能大处着眼,小处入手,方向明确,巨细允当。

总体驾驭政治、经济、军事、文化体系,属于人类思维能力和执行能力中最高阶层的智慧。这种高屋建瓴的宏观战略思维,在中华传统文化中,有其博大精深的智慧渊源和丰富精彩的运作实例。被历代王朝奉为治国方案中神圣法典的《周礼》,即是典型的对宏大规模与浩博事功予以总体驾驭的成功范式。

《周礼》以官制的形式,对政治、经济制度予以系统叙述。其内容包括《天官》《地官》《春官》《夏官》《秋官》《冬官》等六篇。《周礼》开篇,就对总体驾驭治国理政思维予以明确阐述:"惟王建国,辨方正位,体国经野,设官分职,以为民极。乃立天官冢宰,使帅其属,而掌邦治,以佐王均邦国。"其大意是：王者建立国家，选定国都及宫室位置，划定国家疆界，设定官位并任命官员、规定职责，统治人民，有法可依。于是设立天官冢宰，让他统帅下属，掌管天下的治理，以辅佐君王协和诸侯邦国。

在对"治官之属"的设置中，《周礼》对国家千头万绪的政务、事务，以分别设置六个系列的官员来统管：天官主管宫廷，地官主管民政，春官主管宗族，夏官主管军事，秋官主管刑罚，冬官主管营造。天、地、春、夏、秋、冬之六官以上，有三公，即太师、太傅、太保，辅佐周天子管理"六官"。而周天子作为最高统治者，又统一驾驭三公，在三公辅弼下，通过六官管理各级政务、事务和地方官，由此形成一个由周天子总体驾驭的严密治国体系。

《周礼》对管理民事、军事、行政，办理授田、收税、徭役等事务，还设置了进一步完整、细致、严密的地方行政组织。例如山林、川泽、矿藏等自然资源都设专职管理，规定不得任意开采。在商业方面，用货币调节市场；划定市场，并按时开关；对商人，实行关门检查；实施物价管理，国家收购滞销物品，维护市场治安，处理市场争讼，征收市场税、货物税、屠宰税等。这些制度，即使放在当代来看，也是很详尽的、务实的。联系当今"四个全面"的战略布局及其步步细化的推进实施，真是将五千年一脉相承的继承和与时俱进的创新融为一体，令人赞叹，让人深思。

周天子通过系统化的体制，对全部国事予以"普天之下，莫非王土，率土之宾，莫非王臣"的一统管理，从而奠定了大到宏观调度，小到具体实施都可以遵循的总体驾驭性思维体系与构建范式。世界政治管理模式大体可分为精英政治与经典政治两种。像尧、舜、禹、汤、文、武、周公所创立的政体，属于靠圣人力量来实现的精英政治，而《周礼》则是通过完美政治制度而实现的经典政治，并影响到历代仿照《周礼》的制度来治天下的政治家。如北魏宇文泰以《周礼》为蓝本组建政府机构；唐朝唐玄宗仿效《周礼》，制开元六典(《唐六典》)；北宋王安石以《周礼》为依据实行变法等。直到明、清两朝政治机构的设置，如户部、吏部、兵部、刑部、礼部、工部等六部，基本上仍是参考《周礼》，由此足见《周礼》对中国政治历史深远的影响。

《周礼》总体驾驭思想方法的博大精深蕴涵，在以体制制度示范的同时,还潜移默化地启示、引发出历代圣贤的顶级智慧谋略。被历代誉为智慧人物代表的诸葛亮,即是善于运用总体驾驭法则的杰出代表。据晋代陈寿《三国志》和斐松之《三国志注》引文,诸葛亮与其好友石广元、孟公威、徐元直的区别,就在于三人务于精熟,而亮独观其大略。从孔明的志向、功业看,他的"大略"显然侧重于"远大谋略",而三人的"务于精熟",则是指局部深入,和"大略"相比,正是总体驾驭和局部谋虑的关系。因此孔明早年就说三人仕途可达刺史、郡守一类,而对自己,则比于管仲、乐毅。诸葛亮在即将出山而展示的"隆中对"中,对天下大势的分析、谋划、展望,更进一步看出其总体驾驭的开阔视野与宏伟目标气度。

当然,局部治理也须有系统的谋划经营,但与国事大政的总体驾驭相比,毕竟有局部与整体、小系统与大体系之分。对十八大以来中央决议精神的领会与践行,自然是需要从国家繁荣、民族振兴的总体范畴和久远价值予以学习与贯彻的。

第二法　要点提领法

> **本法提要**
>
> 本方法的内含结构及介绍的主要内容是：其一，本方法的含义。以ABC管理法和孙子兵法"经之以五事"为引导性举例，并简要阐述方法的基本含义。其二，本方法的举例分析说明。以习近平对党的十八届三中全会精神归纳的6个要点为本方法分析说明的重要举例，并内含了对党的领导地位的阐释。其三，本方法的拓展应用。以"亲、诚、惠、容"的周边外交理念及"五大发展理念"等为本方法的拓展应用举例。其四，本方法的历史镜鉴宝典。以中国儒学把万机纷繁的治国理政概括为"礼、乐、刑、政"四个方面和荀子"为学"等为历史镜鉴宝典举例。如此，由中外要点提领经典引入，继而由推进中国深化改革、建设中国周边外交、总领治国理政而形成一个古今相应、内政外交一体的说理和例证系统，实现本法的完整阐释。

一、本方法的含义

要点提领法之"要"，含义深刻。首先，要言不烦。要言，就要简单，不能烦琐。不仅如此，还须要言妙道（亦作妙言要道）。大道至简，言论和道理要达到简要精微。如此之"要"的前提下，才能进一步去谈要点提领之法。

管理学上，有一个很重要的方法，叫ABC管理法，又叫ABC分析法。它是意大利学者维尔弗雷多·帕累托首创的。1879年，帕累托研究个人收入的分布状态，发现少数人（归为A类）的收入占社会全部人收入的大部分；而多数人（归为C类）的收入却只占社会所有人总收入的小部分；中间状态居中(为B类,数量大于A而小于C)。毛泽东曾于1925年发表《中国社会各阶级的分析》著名文章,依据对中国社会的调查,也得出过中国社会少数富人占有大量财富,而多数穷人却只占有较少财富的结论。遗憾的是,他没有将这一结论画出图来。帕累托将这一结论图示出来,做成著名的帕累托图。

该管理法或曰分析法的核心思想是,在一个事物的众多构成因素中,分清主次,识别出其中对事物起决定性作用的少数关键因素,然后,在管理工作中,努力抓住这关键的少数,使管理获得低成本高收益的效果。帕累托法被应用于管理的多个方面,譬如,企业的库存管理、质量管理、成本控制、营销管理,社会收入分配的差距控制,股市价格指数的计算等。其中的核心思想就是,抓住关键的少数。2015年2月2日,省部级主要领导干部学习贯彻十八届四中全会精神全面推进依法治国专题研讨班上,中央领导讲话强调,各级领导干部在推进依法治国方面肩负重要责任,全面依法治国,必须抓住领导干部这个"关键少数"。抓住关键的少数,是要点提领法的一种重要的表现和实施形式。

四中全会《决定》指出:"完善以宪法为核心的中国特色社会主义法律体系","必须以宪法为根本的活动准则"。这是站在国家最高层面,对全党、全国行为的最高的要点提领和核心、准则界定。本方法所研究的要点提领之法,是界定在如上的大前提、大提领之下,并立足于推进全面深化改革的实施层面、方法层面而作出探讨。

要点提领之法,是认识和掌握一个较庞大系统的常用之法。顾名思义,该法是通过对某系统(如事物、组织等)的总体分析,提炼出其要点,通过抓住要点而带领整体,实现对整体有效掌控的方法。

众所周知,《孙子兵法》是中国,也是世界著名兵书,其十三篇内容的首篇,即计篇,开宗明义:"孙子曰:兵者,国之大事,死生之地,存亡之道,不可不察也。"那么,究竟要"察"些什么呢?接下来,《孙子兵法》(计篇)作了精到阐释:"故经之以五事,校之以计,而索其情:一曰道,二曰天,三曰地,四曰将,五曰法。……凡此五者,将莫不闻,知之者胜,不知者不胜。"其大意是:

所以,要从以下5个方面分析研究,比较敌对双方各种条件,以探求战争胜负情形:一是道,二是天,三是地,四是将,五是法。……以上5个方面,所有将帅没有不知道的;然而,只有个个深刻了解,确实掌握了全局的,才能打胜仗;否则,就不能取胜。

从对系统整体的管理来说,要点提领法也是一种高效率低成本地实现总体驾驭的方法(如引述孙子兵法所云以及ABC管理法思路)。这种方法突出的是对总体之中要点的认识和有效掌控,比起通过纵横纲目的网络式的总体驾驭之法,要快捷、简便、省力得多,这是优点。但要找准和抓住要点,有一定的难度。同时,其相对比较粗放,实现一般性的认识、理解和大局上的掌控尚可,如需要进一步细化认识,尤其是要实施步步推进层层深化的改革实战,单靠上层一般性的要点提领就远远不够了。当然,与层层细化推进相吻合、相结合,在每一层级都相应使用要点提领之法,可以是一种实现入门理解和快捷驾驭工作的方法,但越到基层、越到操作层面,越要注意该方法使用的局限性,因为,在比较具体的那些层面,常常会是"细节决定成败"了。

二、本方法的举例分析说明

本方法以实现对十八届三中全会精神的要点把握并提领总体为重点举例,主要依据三中全会《决定》2条、3条、60条和习近平重要讲话内容,作出分析说明。

习近平总书记对十八届三中全会精神的宣传、贯彻提出了6个方面的要求(习近平《切实把思想统一到十八届三中全会精神上来》2013年12月31日新华网),指出了该次全会精神的6大内容要点。(见图2-1)

抓住这6大要点,对全面理解、把握党的十八届三中全会乃至四中、五中全会精神、内容,会起到重要提领作用。

第一,坚持把完善和发展中国特色社会主义制度,推进国家治理体系和治理能力现代化作为全面深化改革的总目标。改革总目标是对全会精神、内容的总提领。党的十八届三中全会提出的全面深化改革总目标,是由

图2-1　要点提领法举例示意图Ⅰ

（十八届三中全会内容要点示意图）

两句话组成的一个整体,即完善和发展中国特色社会主义制度、推进国家治理体系和治理能力现代化。前一句规定了根本方向,我们的方向就是中国特色社会主义道路,而不是其他什么道路,要建设的是中国特色社会主义制度,而不是别的什么制度。这句话特别突出了"制度"的建设。后一句推进国家治理体系和治理能力现代化,则特别突出了"治理"的建设,规定了在根本方向指引下完善和发展中国特色社会主义制度的鲜明指向,即推进国家治理体系和治理能力现代化。两句话是一个完整的整体。这里还必须进一步说明的是,改革总目标两句话的第一句话,完善和发展中国特色社会主义制度,对"制度"的建设,强调了"完善""发展"两种方法;第二句话,推进国家治理体系和治理能力现代化,对"治理"的建设,强调了"体系""能力"两项内容。因此,党的十八届三中全会提出的全面深化改革总目标,可以归纳为"2+2"模式(见图2-2)。

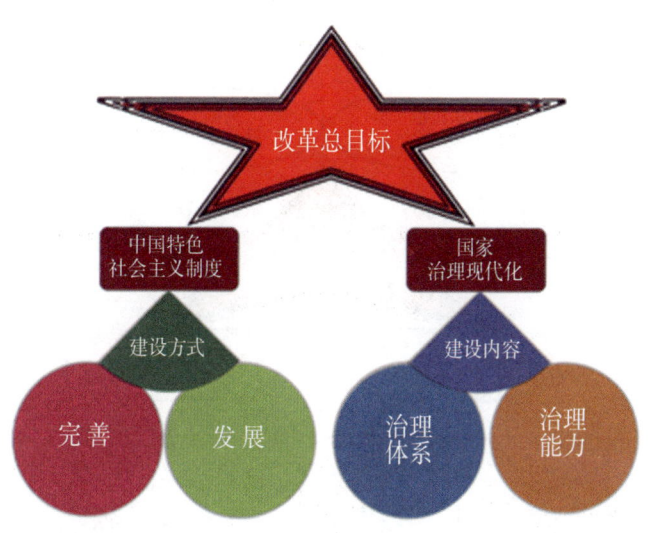

图2-2　要点提领法举例示意图Ⅱ
（十八届三中全会《决定》改革总目标要点示意图）

对于党的十八届三中全会提出的全面深化改革总目标的理解，还应注意到，关于制度和治理，制度之"制"的偏旁是立"刀"；治理之"治"的偏旁是三点"水"。制度、治理，又含有"刀"制和"水"治的明显特征和综合利用的丰富内涵。

十八届四中全会则精辟地阐述了其全面推进依法治国的总目标："全面推进依法治国，总目标是建设中国特色社会主义法治体系，建设社会主义法治国家。"这两个总目标的表述，是对十八届四中全会精神、内容的核心要点提领。这里所要提领阐明的含义是：在中国共产党领导下，坚持中国特色社会主义制度，贯彻中国特色社会主义法治理论，形成完备的法律规范体系、高效的法治实施体系、严密的法治监督体系、有力的法治保障体系和完善的党内法规体系（五大"体系"），坚持依法治国、依法执政、依法行政的共同推进（三个"依法"），坚持法治国家、法治政府、法治社会的一体建设（三个"法治"），实现科学立法、严格执法、公正司法、全民守法（四个"实现"），促进国家治理体系和治理能力现代化（参见图2-3）。

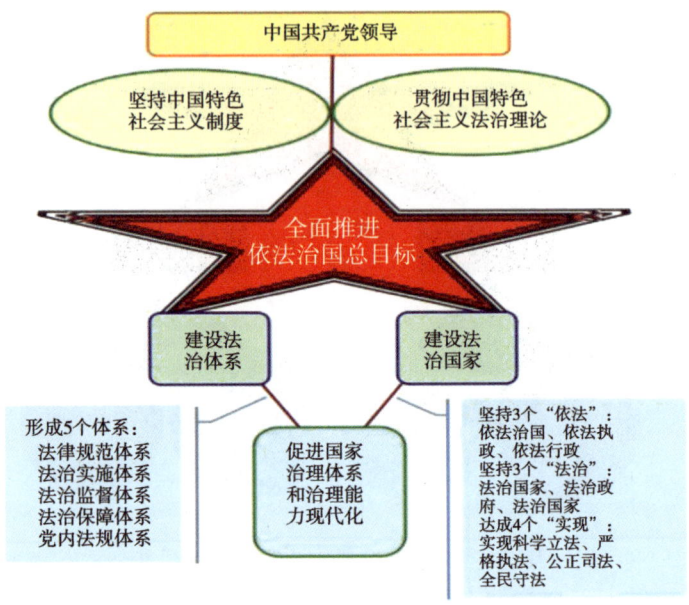

图2-3　要点提领法举例示意图Ⅲ

（十八届四中全会《决定》全面推进依法治国总目标示意图）

党的十八届四中全会作出"全面推进依法治国若干重大问题的决定"，而这是对三中全会《决定》实施的保障，是对三中全会《决定》的实施推进，是层层递进法的又一实例。这一实例又内含很多具体的表现，譬如，在四中全会《决定》的第一部分中，阐述全面推进依法治国的5项原则的第一条原则"坚持中国共产党的领导"时就表明："党的领导是中国特色社会主义最本质的特征，是社会主义法治最根本的保证。把党的领导贯彻到依法治国全过程和各方面，是我国社会主义法治建设的一条基本经验。"这就首先在理论上阐明了党的领导地位不能动摇。在四中全会《决定》第二部分中，阐述"完善立法体制"时，进一步阐明："加强党对立法工作的领导，完善党对立法工作中重大问题决策的程序。凡立法涉及重大体制和重大政策调整的，必须报党中央讨论决定。"这就进一步在体制上确立了党的领导地位不可动摇。在四中全会《决定》第四部分中，阐述"完善确保依法独立公正行使审判权和检察权的制度"时,更进一步细化到对领导干部的具体的、底线的、制度化的要求:"各级党政机关和领导干部要支持法院、检察院依法独立公正行使职权。建立领导干部干预司法活动、插手具体案件处理的记录、通报和责任追究制度。"这就更进一步通过干部行为规范的制度建设,确保了党的领导不会动摇。

由上述举例可见,四中全会《决定》展示的从最高层面党的领导不能动摇;到完善立法,保障党的领导不可动摇;再细化到对领导干部守法的制度化要求,确保党的领导不会动摇。由此,体现了党和国家集体智慧在这个宏大命题上拨云见日的坚定、正确选择。在我们正确理解这一重大命题的同时,其中内涵的要点提领以及层层递进的严密逻辑贯穿和严谨实施推进,也一同给了我们具体实践要点提领以及层层递进之法的学习典范。

第二,进一步解放思想、进一步解放和发展社会生产力、进一步解放和增强社会活力。改革总目标的实现需要途径,需要条件,全会决定提出的这"三个进一步解放",既是改革的目的,又是改革的条件。解放思想是前提,是解放和发展社会生产力、解放和增强社会活力的总开关。解放和发展社会生产力、解放和增强社会活力,是解放思想的必然结果,也是解放思想的重要基础。

第三,以经济体制改革为重点,发挥经济体制改革牵引作用。这既是一项重大的战略安排,符合我国国情及所处世界环境;同时也是一项改革推进策略的体现,各项改革具体推进,必须有轻重缓急的安排。

第四,坚持社会主义市场经济改革方向。20世纪90年代初提出建立社会主义市场经济体制的改革目标,至今经历20多年,虽然我国社会主义市场经济体制已经初步建立,但市场体系还不健全,市场发育还不充分,所以我们必须继续坚持社会主义市场经济改革方向。而坚持这一改革方向,核心问题是处理好政府和市场的关系,使市场在资源配置中起决定性作用和更好发挥政府作用。

第五,以促进社会公平正义、增进人民福祉为出发点和落脚点。全面深化改革必须以促进社会公平正义、增进人民福祉为出发点和落脚点,这是坚持中国特色社会主义、坚持我们党全心全意为人民服务根本宗旨的必然要求。

第六，紧紧依靠人民推动改革。人民是历史的创造者，是推进改革力量的源泉。领导干部要当改革的促进派，还要不断提高理论、政策和实践水平，把广大人民群众的智慧、力量凝聚到改革上来，同人民一道把全面深化改革推向前进。

三、本方法的拓展应用

（一）实施要点提领法，首先要准确、全面掌握中央顶层设计的要点

2013年11月19日，学习贯彻党的十八届三中全会精神中央宣讲团动员会召开，习近平作出重要批示。他指出：宣讲的关键是要联系实际、研机析理、解疑释惑，努力讲全、讲透、讲实，帮助广大党员、干部、群众全面准确领会全会精神，全面准确领会全会提出的新思想、新论断、新举措。其中的"讲全、讲透、讲实"，"全、透、实"，显然是运用了要点提领之法。

从本方法（乃至本书所有18个方法）的价值追求来说，学习、领会十八大及十八届三中全会、四中、五中全会精神的要点十分重要，而通过要点的认识和掌握，进一步提领拓展、深化，达到全、透、实地掌握中央全会精神全部内容、要求的目的，才真正实现了本方法（也是本书）所追求的价值。因此，要点提领之法，要真正做到"要言不烦""要言妙道"，第一是要求提炼的要点简洁、准确，对要点内涵的把握本质、细致、精到；第二是要求认清各要点之间的关系，实现要点提领下的全部内容的细化理解、系统掌握、统领驾驭；第三是追求目标把握全面，统筹推进、系统实施，低耗高效。

由此可见，本方法与其他逻辑推进之法乃至重点拓展深化之法、特色实践之法联系理解，结合使用，将能进一步达到精准理解理论、有效推进实践的目的，同时也才能使本方法实现其应有效用。

将本法有效地应用于十八届三中、四中、五中全会精神的学习、贯彻，首先应深入理解和精确掌握三中全会、四中全会《决定》和五中全会《建议》等文献及习近平《说明》和《切实把思想统一到十八届三中全会精神上来》

等文章和系列讲话精神,这是必要的要点掌握和基本功修炼。而如果不去努力做好基本功课,改革部署理解不清楚,要点掌握不正确,路径把握南辕北辙,那么,再好的方法也将无济于事,甚至还会反过来埋怨方法无效、方法误导。

(二)要点提领法的进一步拓展和应用

在我国深化改革步步推进中,中央重大政策的研究、决策、实施,给我们提供了很多运用要点提领法的例证。例如,发展是我们党执政兴国的第一要务,发展仍是解决中国一切问题的基础和关键,党的十八届五中全会以"创新、协调、绿色、开放、共享的发展理念",对我国紧紧围绕到2020年全面建成小康社会目标而准确把握当前重要战略机遇期,给出了高屋建瓴的要点驾驭。又如,众所周知,我国目前是当之无愧的全球制造业第一大国,制造业产出占世界比重超过20%,装备制造业占世界1/3份额,220多种工业品产量居世界第一位,然而,我们还远不是世界制造业强国。因此,2015年5月18日,国务院正式发布了《中国制造2025》规划,这是我国实施制造强国战略第一个十年行动纲领。根据规划,我国将在2020年形成15家左右制造业创新中心,在2025年力争形成40家左右制造业创新中心;将在新一代信息通信技术产业、高档数控机床和机器人、航空航天装备、海洋工程装备及高技术船舶、先进轨道交通装备、节能与新能源汽车、电力装备、新材料、生物医药及高性能医疗器械、农业机械装备等10大领域实现重点突破。这一战略部署,显然运用了要点提领之法。

与此同时,我们还应该注意研究,适应中国改革开放和世界发展形势,中国作为负责任大国的外交建树成功事例,以引发我们更广阔的思考,启迪我们联通世界的改革开放行动。其中,"亲、诚、惠、容"外交理念的提出和实践,就在这一范畴,为我们要点提领法的阐释提供了一个很好的实例。

理念、信念等,无论从立国、创业来看,还是从齐家、树人来说,都是一个至关重要的,应该居于主导甚至统帅的最高层面的概念。正因如此,其十分难于理解和表达。所以,现实当中,以企业理念为例,往往用比较凝练的语言,甚至词句,来作出高度概括的提领式表述,以便于广大的员工,更方便地理解、记忆和执行。这里所运用的方法,就是要点提领法。

世界上,古往今来最难处理的关系,可能就是国家关系,尤其是大国之间、邻国之间的关系。中国正在崛起,中国当前面临着千载难逢的发展良机,但同时必须看到,这一良机背后同样潜藏着巨大的风险。如何应对?这就要求,首先在最高层面的外交指导思想、指导理念上,就要有正确的抉择,同时要有精到、准确的提炼和表达。2013年,我国提出"亲、诚、惠、容"的周边外交理念,继承和发挥中华文明的宝贵财富和智慧,运用要点提领,简洁明了地表达了中国的外交思想,同时为要点提领之法,贡献了一则生动的实例。

外交理念是外交决策和实施的观念、信仰的总和。秉持"亲、诚、惠、容"的周边外交理念,表达了中国外交的最高价值诉求。中国文化博大精深,"亲、诚、惠、容",用简洁的语言,表达了事物的本质,向世界传递了清晰的概念。

"亲、诚、惠、容",首先内含着道德范畴,这是理解和把握"亲、诚、惠、容"的基础和起点。"亲、诚、惠、容"指人与人之间的道德情感和道德行为,这里把人与人之间的道德情感和道德行为,上升为国家间的伦理道德,实现了从个体的人到整体国家的飞跃。在这里,"亲",是指我们与周边国家亲近,感情好。国之交,在于民相近,情相亲。"诚",是指我们对周边国家是真心的,实在的。"惠",中文词义是指,给予好处;在主权平等的现代外交关系中,"惠"是指互惠互利,利益相互给予。"容",有容乃大,指我们能容纳周边国家,能以大度容人的态度与周边国家友好相处。在世界格局趋于多元化的今天,"亲、诚、惠、容"外交理念,完整、系统、简洁、明了地阐述了中国外交的核心信仰,传递了中国声音。

中国这一外交理念的提出,立刻在周边国家和全世界造成巨大的积极影响。在"亲、诚、惠、容"外交理念指导下,中国在周边外交领域很快取得巨大成就。首先,中国与最大邻国俄罗斯的关系,取得了突破性进展,促进了中俄友谊。其次,中国周边外交重头戏,"一带一路"战略构想,一步步具体化;亚投行的创立,付诸实施。东南亚等国家对中国提出"一带一路"和亚投行,有着浓厚的兴趣,但也有很多的顾虑。"亲、诚、惠、容"外交理念的提出,赢得了周边国家的广泛认同,打破了有关国家的重重顾虑,促使他们积极迈步,投入到由中国倡导的惠及中国及周边乃至世界的伟大战略之中。

"亲、诚、惠、容"外交理念之所以在世界产生巨大影响,并发挥巨大积极作用,有着深刻的原因。

中国提出的"亲、诚、惠、容"外交理念,和某些国家的外交有很多不同。后者的外交,强调"唯一性",符合它的利益,就给予支持或结盟;不符合,就要在那个国家进行颠覆、渗透,直至打倒对方,使对方政权更迭,而其号称的是"输出价值观""输出民主"。而中国,讲求的是包容,是尊重别国发展道路和理念,在此前提下,寻求合作、共赢。

中国提出的"亲、诚、惠、容"外交理念,符合中国国家利益,同时符合周边国家,乃至世界发展需要。中国与邻国打交道已经几千年了,我们历来秉持"以和为贵,以诚待人,人敬一尺,我还一丈"这样的理念。今天的周边外交,我们将更积极地践行"亲、诚、惠、容"理念,让周边国家和人民,更多地分享中国改革开放红利,更好地理解中国坚持走和平发展道路的决心。中华民族是重感情的民族,我们同周边国家山水相连、血脉相通、人文相亲,有着天然的亲近感,友好情谊千百年来连绵不绝。共同的过去、现在与未来,将中国与周边国家,连成休戚与共的命运共同体。

"亲、诚、惠、容"四字箴言,是引领命运共同体稳步前行的指针,不仅中国要身体力行,也应当成为地区国家遵循和秉持的共同理念和行为准则,引导地区国家乃至影响世界,迈向人类光明的前程。

四、本方法的历史镜鉴宝典

在哲学思想探讨和实际工作运筹中,通过要点提领以把握事物的内容核心,是一种执简驭繁、发现并抓住表象之下本质的高超能力,和深入观察认识、高效实现目标的必要方法。如著名学者朱光潜所说:"提纲挈领是一套紧要的功夫,囫囵吞枣必定食古不化。"这种能力和方法,在中华传统文化中也有着悠久的理论与实践的渊源。

儒家把网络密布的人际社会关系归纳为"五伦、三纲";把万机纷繁的治国理政手段,概括为"礼、乐、刑、政"四个方面,并进而将四个方面手段归纳出"礼"作为治国总纲,用于治国方案的制作。所谓"礼乐刑政",是指礼法、乐教、刑罚以及各项政令等。《礼记·乐记》云:"故礼以导其志,乐以和其声,政以一其行,刑以防其奸,礼乐刑政,其极一也,所以同民心而出治道也。"大意是,"礼"用来统一人的意志,"乐"用来调和人的声音,"刑"用以防奸止乱,"政"用来规范和统一行动。礼乐行政,目的相同,都是为了齐同民心而实现天下大治。故"礼节民心,乐和民声,政以行之,刑以防之。礼乐刑政四达而不悖,则王道备矣。"更为难能可贵的是,古代先贤并没有止于用"礼乐刑政"来提领治国理政之要,而是在此基础上作了进一步提炼,以"礼"来作总提领。"礼"是孔子思想的核心概念,孔子说:"不学礼,无以立"(《论语·季氏》)。孔子主张"克己复礼",要求人们"非礼勿视,非礼勿听,非礼勿言,非礼勿动"(《论语·颜渊》),并明确指出:"克己复礼为仁。"

习近平总书记在中央党校建校80周年庆祝大会暨2013年春季学期开学典礼上的讲话(2013年3月1日)中,引用《荀子·大略》的典故说:"学者非必为仕,而仕者必为学。"先秦儒学大师荀子在论述"为学"要点时指出:"将原先王,本仁义,则礼正其经纬蹊径也。若挈裘领,诎五指而顿之,顺者不可胜数也。不道礼宪,以诗书为之,譬之犹以指测河也,以戈舂黍也,以锥餐壶也,不可以得之也。"意思是:要探究先王之道,寻求仁义的根本,就须用礼,去端正探寻其中纵横曲折的途径。这就像弯曲五指,提皮袍的领子,向下一顿,数不清的乱毛马上就理顺了。如果不取道礼法去探寻,仅凭《诗经》《尚书》去立身行事,就会像用手指测量大河,用戈矛舂捣黍米,用锥子取壶里的食物吃,是办不到的。荀子以礼为治学修身总纲的价值观念,虽有其时代背景,但他所提倡的提纲挈领,以把握要点的哲学思维原理与方法,却蕴涵着深刻而意义深远的智慧。身为荀子门生的韩非,虽然后来背离儒学,而成为法家代表,但也在提纲挈领的思维方法上,继承了荀子的衣钵。其《外储说》中有云:"善张网者引其纲,不一一摄万目而后得。"

要点提领的思想方法论,成为历代大到治国理政、小到读书治学所共同遵奉的法则。唐代学者韩愈,自述其读书治学是"记事者必提其要,纂言者必钩其玄。"南朝顾欢,向齐高帝提出的《献治纲表》则说:"臣闻举网提纲,振裘持领。道德,纲也;物势,目也。上理其纲,则万机时序;下张其目,则庶官不旷。是以汤武得势师道,则祚延;秦、项忽道任势,则身戮。"这段话的意思是:我听说,要举起网,必先提起网纲,提起皮衣,必先抓住衣领。(对国家治理来说)道德,就好比是渔网的纲绳和衣服的领子;而万事万物的状态,就好比是渔网的网眼,和皮衣的毛发。做帝王的,处理好道德这一治国纲领,就可使纷繁政务及时而有序;做臣民的,完成他们的各自工作,就可使众多官员不失职。因此,商汤、周武王,拥有权势,尊奉道德,就国运长久;秦始皇、项羽,忽视道德,放任权势的流失,就身死国灭。

顾欢把荀子的修身与为学的原则,推广到治理国政大业,同样有其时代性。但他把荀子治学修身的方法论,即"提纲挈领""要点提领"的思维,用之于治理国家,却是丰富提升了这一方法论的价值意义。这种提升,对当今贯彻落实十八大以来中央决议精神,开创深化改革乃至"四个全面"战略布局的新局面,无疑有其深刻的历史镜鉴价值。

图解方法话深改

第三法　层层递进法

本法提要

　　本方法的内含结构及介绍的主要内容是：其一，本方法的含义。在简要介绍方法含义之后，以《第五项修炼》《大学》等内含的层层递进亮点为引导性举例，并对层层递进的动力之源以小故事的形式作出揭示。其二，本方法的举例分析说明。以对三中全会《决定》和《说明》、五中全会精神及习近平有关讲话内容的逐步深入理解、层层递进解析为本方法分析说明的重要举例。其三，本方法的拓展应用。以经济新常态概念、要点、实施的逐步提出、推进为拓展应用举例。其四，本方法的历史镜鉴宝典。以西汉贾谊的历史名篇《过秦论(上)》精妙的层层递进分析为历史镜鉴宝典举例。从而，以中外名篇高论和全面深化改革、经济新常态的层层递进内涵，对本法作出融汇中国古今正反事件和典范论著、探求当今宏大战略脉搏、求解层层递进路径和动力的系统阐释。

一、本方法的含义

　　层层递进，是理解和把握一个较大、较复杂的系统结构的常用之法。因为该方法往往是循着系统内在的主要逻辑关系，步步为营，层层推进，通过努力而做到理解重点、弄清联系、揭示规律、把握要义、总揽整体的目的，所以取名层层递进法。

　　说到层层递进，有些朋友可能会很自然地联想到3D打印，因为3D打印技术，就是采取将原料一层层叠加，用打印的方式，层层累积出所要加工的物品。只是我们这里所研究的层层递进之法,并非局限于如3D打印技术手段的物质叠加,更主要的还是关注其内涵的逻辑思维和推进发展之法。

有个人叫彼得·圣吉,他写了一本书,叫《第五项修炼》。该书采取层层递进的方法,阐述了5项修炼。其中,被作者誉为"第五项修炼"的"系统思考",是本部书的核心。《第五项修炼》之书,长时期享誉世界。

其实,中华文化历来有着系统思考的传统,仅举个《大学》的例子,就立刻让人有"曾经沧海"之感。《四书五经》的第一部书《大学》,开首即有:"知止而后有定,定而后能静,静而后能安,安而后能虑,虑而后能得。"对照当今这个有些浮躁的社会,沉心思考先人教诲,当是反思当今和医治浮躁的一剂良药。还有"修齐治平"理论,论述同样精湛:"古之欲明明德于天下者,先治其国;欲治其国者,先齐其家;欲齐其家者,先修其身;欲修其身者,先正其心;欲正其心者,先诚其意;欲诚其意者,先致其知;致知在格物。物格而后知至;知至而后意诚;意诚而后心正;心正而后身修;身修而后家齐;家齐而后国治;国治而后天下平。"由引文可见,其采用了极为精彩的正、反逻辑推演,反复两遍深入阐述的方式,用以强化、深化论述,它使"系统思考"上升到一个全新的境界。同时,它也以精湛一例而使层层递进之法展示出中华文化精到思维的高超水准,使《大学》之宏论及层层递进之法能够得以传承光大。

叙述到这里,还十分有必要补充讲述一个似乎大小不配、深浅不合的小故事——"割草的男孩"。有这么一个替人割草打工的男孩,这一天,他打电话给一位陈太太问:"您需不需要割草工?"陈太太回答说:"不需要了,我已有了割草工。"男孩又说:"我会帮您拔掉花丛中的杂草。"陈太太回答:"我的割草工已经做了。"男孩又说:"我会帮您把草与走道的四周割齐。"陈太太说:"我请的那人也已做了,谢谢你,我不需要新的割草工人了。"男孩这才挂了电话。此时,男孩的室友奇怪地问他说:"你不是就在陈太太那里割草打工吗?为什么还要打这电话?"男孩说:"我只是想知道我做得有多好,还能不能再好。"原来,层层递进的动力之源,来自不懈追求、步步攀升的那颗上进之心。

二、本方法的举例分析说明

本方法以抓住要点、把握重要逻辑关系,层层推进对十八届三中全会《决定》和《说明》等中央全会精神、内容的逐步深入理解为重要举例,来作出分析说明。

运用层层递进之法理解中央全会精神,看似艰苦,实则最终会收到事半功倍之效。以学习、把握十八届三中全会精神、内容为例,其部署的全面深化改革,任务艰巨,工程浩繁,要实现对其精神、内容的总体清晰把握,并逐步落实到位,从其内容包含的主要逻辑关系的第一个层次入手,然后步步深化,层层推进,最终才能实现对这次全会精神主要逻辑思路的系统掌握,进而实现对全会精神、内容的总体理解和系统驾驭。由此可见,本方法当是一条务实、可靠且高效之法。

首先,第一个层次,理解十八届三中全会精神,要把握三中全会《决定》全面深化改革的"全面"所涉及的方面,究竟内含哪些方面?这实质也是理解、把握"四个全面"中的每一个"全面"(然后集聚为"四个全面")的入门要求和首要工作。"全面深化改革"的所谓"全面",内含有7大范畴15个领域330多项改革内容。这7大范畴是:经济体制改革、政治体制改革、文化体制改革、社会体制改革、生态文明体制改革、国防和军队改革、党的建设制度改革;内含的15个领域是:坚持和完善基本经济制度、加快完善现代市场体系、加快转变政府职能、深化财税体制改革、健全城乡发展一体化体制机制、构建开放型经济新体制、加强社会主义民主政治制度建设、推进法治中国建设、强化权力运行制约和监督体系、推进文化体制机制创新、推进社会事业改革创新、创新社会治理体制、加快生态文明制度建设、深化国防和军队改革、加强和改善党对全面深化改革的领导。

其次,第二个层次,7大范畴的改革如何摆布呢?回答是:选择以经济体制改革为重点、为牵引。

再次,第三个层次,经济体制改革的核心问题是什么呢?回答:核心问题是处理好政府和市场的关系。

第四个层次,处理政府、市场关系,要处理到什么程度呢?答:要做到使市场在资源配置中起决定性作用和更好发挥政府作用。

第五个层次,处理政府和市场关系,目前的实践从何处入手,要着力解决什么问题呢?答:入手和要着力解决市场体系不完善、政府干预过多、政府监管不到位等问题。

如此,从全面深化改革的总体安排,到重点选择和牵引设定,再到核心问题的确认,处理核心问题要追求的状态及目前要入手着力解决的问题,则通过层层递进的深化,实现了对中央全会精神、全会部署全面深化改革内含的主要逻辑关系的层层深入理解和把握。(见图3-1)

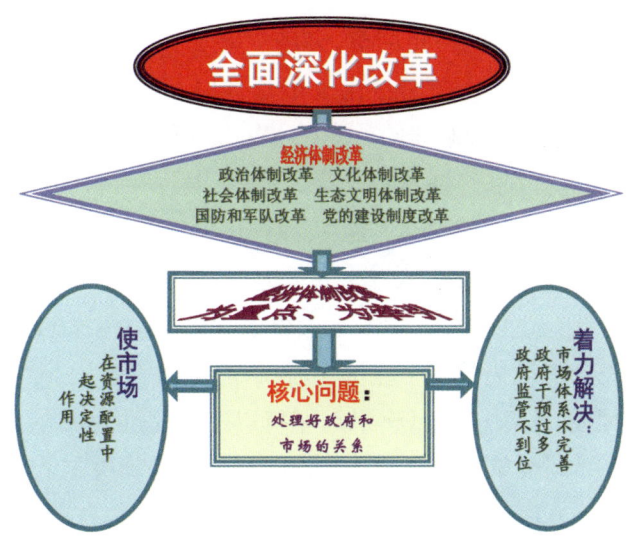

图3-1　层层递进法举例示意图Ⅰ

(层层递进解析全面深化改革示意图)

为进一步系统和深化对全面深化改革的认识和驾驭,还有必要向上作出延展及深化。"四个全面"是一个完整、统一的大战略,从"四个全面"总体战略布局来看,全面深化改革是其中之一。党的十八届五中全会指出:"十三五"时期是全面建成小康社会决胜阶段,"十三五"规划必须紧紧围绕实现这个奋斗目标来制定。发展是我们党执政兴国的第一要务，发展仍是解决中国一切问题的基础和关键。"四个全面"的大战略要落实到发展上，要通过发展而得到推进和实现。党的十八届五中全会提出"创新、协调、绿色、开放、共享的发展理念"。而这一切的根本，要靠改革创新、要靠深化改革来实现。至此，从方法介绍的角度，读者朋友可以看到，这里的分析，蕴含了进一步的层层递进。

三、本方法的拓展应用

（一）层层递进法的节点、难点突破

本方法的拓展深化，不仅存在着严密逻辑关系的进一步深入理解，同时有诸多节点、难点需要剖析、突破。譬如，在层层递进理解十八届三中全会精神的过程中，全面深化改革选择以经济体制改革为重点、为牵引，即是一个决策和理解难点。这一难点，可作如下分析来加以理解。

首先，从选择"以经济体制改革为重点，发挥经济体制改革牵引作用"的战略决策来看，理解要点是：其一，我国仍处于并将长期处于社会主义初级阶段的基本国情，人民日益增长的物质文化需要同落后的社会生产之间的矛盾这一社会主要矛盾，我国是世界最大发展中国家的国际地位，这些都决定了经济建设仍然是全党的中心工作；其二，制约科学发展的体制机制障碍，相当数量集中在经济领域，坚持以经济建设为中心不动摇，就必须坚持以经济体制改革为重点不动摇；其三，经济基础决定上层建筑，经济体制改革对其他方面改革具有重要影响和传导作用，具有牵一发而动全身的作用。

其次，从选择"以经济体制改革为重点，发挥经济体制改革牵引作用"的策略安排来看，这一决策，体现了精心的策略谋划。全面深化改革，项目众多，工程量浩繁，操作起来，必须要有轻重缓急之别和前后左右之分，既要凝心聚力，又要目标准确，操作推进方能达成理想效果，所以改革必须有重点，而重点选择在经济体制改革。（参见图3-2）

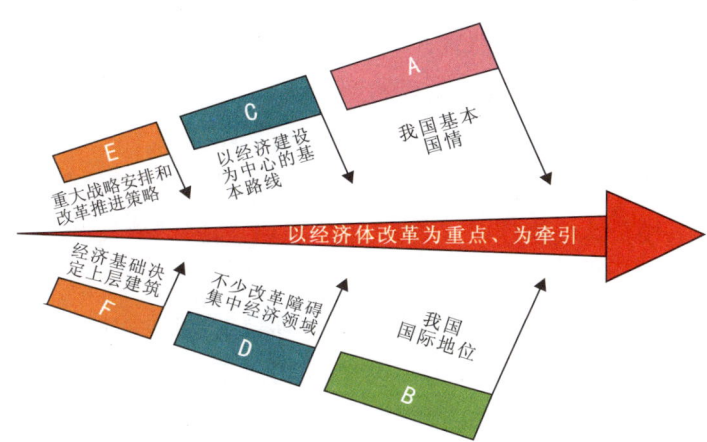

图3-2　层层递进法举例示意图Ⅱ
（层层递进解析以经济体制改革为重点、为牵引示意图）

（二）层层递进法的逻辑深化延展

以上举例，仅是抓住理解十八届三中全会精神脉络的一个重要节点、难点，予以突破，从而实现层层递进的深化解析、驾驭。在节点、难点突破的基础上，放开视野，连点成线，则本方法的拓展范畴广泛。从一般逻辑关系上分析，它既有沿纵向的继续深化，又有沿横向的平面拓展；还有纵向深化基础上的横向拓展，横向拓展基础上的纵向深化，如此层层延伸，以致无穷。当然，现实当中，严肃的实践非比玩游戏、搞娱乐，推进本法的深化、拓展，要有依现实价值追求的度的考量和抉择，因为最终的目的是要达成实践的最佳效果。这里，以层层深化认识经济新常态为例，作出进一步拓展阐释。

全球经济危机的大爆发，宣告了世界经济步入"大调整"与"大过渡"时期。这种大时代背景，与中国阶段性因素的叠加，决定了中国经济进入增速阶段性回落的"新常态"时期，并呈现出与周期性调整不一样的新现象和新规律。以习近平为总书记的党中央，准确地把握时局，及时地提出了经济新常态概念。在众多理论阐释、战略推进上，常常使用层层递进的方法。譬如，2014年5月、7月和11月、12月，先后讲到经济新常态，作出了层层递进的阐释和相应战略部署。

2014年5月,习近平在河南调研时,正式提出新常态的重要判断,强调说"我国发展仍处于重要战略机遇期,我们要增强信心,从当前我国经济发展的阶段性特征出发,适应'新常态',保持战略上的平常心态。"为进一步统一思想认识,在2014年第二季度政治局经济形势分析会上,习近平对"三期叠加"(增长速度换挡期、结构调整阵痛期、前期刺激政策消化期)进行了全面系统分析,回答了什么是"三期叠加",为什么会出现"三期叠加"等基本问题,强调开展经济工作必须认清"三期叠加"阶段的特征和工作要求。7月,在中南海召开的党外人士座谈会上,习近平问计当前经济形势,又一次提到"新常态":"要正确认识我国经济发展的阶段性特征,进一步增强信心,适应新常态,共同推动经济持续健康发展。"为回应国际、国内的广泛关切,在2014年11月APEC北京峰会上,习近平从速度、结构和动力3个方面,完整阐述了"新常态"的基本特征。

经济新常态,对应的是经济旧常态。中国经济"旧常态"具有几个鲜明特征:首先是,经济增长率持续性上升;其次是,高储蓄—高投资,这为经济增长率持续上升提供了资本供给上的保障;第三是,贡献巨大的人口红利;第四是,对房地产业的依赖度上升,房地产化的倾向严重;第五是,扭曲的国民收入分配结构;第六是,在货币层面,旧常态表现为货币供给机制的高度美元本位化的同时,走的是高信贷、高货币投放的通胀之路。

而今提出的新常态,是指经济发展特定阶段,由经济规律主导的经济活动状态。它既异于旧态,又具有相对稳定的动态过程。新常态的新特征,主要表现在速度、结构、动力3大方面。(1)在速度上,表现为中高速。经济增速换挡回落,从过去10%左右的高速增长,转为7%~8%的中高速增长,是新常态的最基本特征。(2)在结构上,要优结构,实现"中高质"。其主要表现是:①经济结构,发生全面、深刻的变化,不断优化升级;②产业结构,第三产业逐步成为产业主体;③需求结构,消费需求逐步成为需求主体;④收入分配结构,居民收入占比上升,更多分享改革发展成果;⑤城乡区域结构,城乡区域差距将逐步缩小。(3)在动力上,建设新动力。中国经济将从要素驱动、投资驱动,转向创新驱动,供给改革,需求创新,积极的供求协调发展。

新常态下如何发展？新常态下坚持发展，要坚持以经济建设为中心，坚持发展是执政兴国的第一要务，不断推动经济持续健康发展。要注重提高经济增长质量和效益，避免单纯以国内生产总值增长率论英雄的经济理念。习近平突出要点，特别强调了发展必须遵循的"两个规律"，即：发展必须是遵循经济规律的科学发展；发展必须是遵循自然规律的可持续发展。因为单纯依靠刺激政策和政府对经济大规模直接干预的增长，只治标、不治本，而建立在大量资源消耗、环境污染基础上的增长则更难以持久。对于发展目标的追求，习近平进一步突出要点提领，特别强调了平衡多重目标的具体要求，即"四个准确"：准确把握改革发展稳定的平衡点，准确把握近期目标和长期发展的平衡点，准确把握改革发展的着力点，准确把握经济社会发展和改善人民生活的结合点。

接下来，为进一步提高全党认识、回答新常态下实际经济工作中还存在的疑惑，在2014年12月中央经济工作会议上，习近平突出分析了新常态的内涵和趋势，强调我国经济发展进入新常态，是我国经济发展阶段性特征的必然反映，是不以人的意志为转移的。新常态重大思想的提出和层层递进的阐释，建立在深入调研分析的基础上，是及时响应民意、恰逢其时之举。

四、本方法的历史镜鉴宝典

层层递进是人们认识把握事物规律或向核心目的步步推进的逻辑程序，是人类认识自然、了解社会进而改变自然社会的辩证发展过程，从老子的"道生一、一生二、二生三、三生万物"的认识论，到儒家规范的格物、致知、诚意、正心、修身、齐家、治国、平天下的人格事业功德圆满的人生论，无不蕴涵着层层递进的思维模式。具体而言，这种思维则见之于社会人生的各个方面，从对宏伟系统结构的理解，对浩大工程的设计，对重大问题的剖析，到对思想情感的表达，无不因层层递进法的适用而结构密致，神理增辉。例如党中央颁发的《中国共产党廉洁自律准则》，其中对"修身""齐家"的使用，就使中华文化的层层递进发展获得了内涵的极大丰富和崭新的历史跨越。

分析层层递进,其一般内含严密的结构,典型如西汉贾谊的名篇《过秦论(上)》。该篇之所以在众多总结秦政得失的论著中脱颖而出,除了见解深刻,还在于其层层递进的说理方法。其从导致秦王朝二世而亡的纷杂因素中,逐层深入地揭示出最核心的要素:秦王朝大政方针、战略本质的致命错误,是导致其看似强大而实际已不堪一击,最终迅速灭亡的根本原因。秦始皇不懂得"攻取凭诈力,防守用仁义"的道理,错误地把统一六国前成功运用的诈力,继续运用于统一六国之后的防守局面,从而成为导致其外强中干、迅速灭亡的根本原因。文中逐层揭示,步步深入,直到文章结尾,才无可驳辩地"逼"出这一结论。其层层递进的方法是:

1.论题是"过秦"(秦的过失),却先从"誉秦"开篇——历数秦始皇先辈以诈力获取胜利的历程;

2.接着继续誉扬秦始皇以诈力攻取统一六国的声势;

3.以六国之强而败于秦,反衬秦始皇统一六国前诈力攻取战略的威力;

4.秦始皇统一六国后,仍继续沿用"诈力"——暗示秦虽然表面仍强大,但已经由于战略思想之过,已走向外强中干;

5.以陈胜之弱而反胜强秦,证明秦始皇的战略之过导致其败亡;

6.以六国之强而败于秦,陈胜弱却战胜秦——陈胜弱于六国,而对秦王朝作战的成败结果却相反——通过层层对比,步步深入,雄辩地证明秦王朝灭亡的根本原因;

7.篇末点题:揭橥秦王朝灭亡的原因,不是力量受到削弱,也不是遇到更强大的对手,而是自身战略的错误——处于防守,不施仁义,故而败亡。

贾谊层层递进地剖析说理所得的结论,在历史发展中产生了巨大的积极推进作用:汉王朝采纳贾谊的论断,一改秦王朝的残酷掠夺、武力镇压政策,而采取"无为而治",使民休养生息,安居乐业,从而使汉王朝很快从秦王朝百孔千疮的经济政治局面中恢复了元气,最终带来中国历史上著名盛世"文景之治"的出现。

贾谊《过秦论》的论断发人深省,其层层递进地剖析、揭示、说理运用,给层层递进法的实践,提供了又一意蕴深邃的实例。

第四法　条分缕析法

本法提要

本方法的内含结构及介绍的主要内容是：其一，本方法的含义。对方法的基本含义作了简要介绍，并以习近平"三严三实"论述和"五大发展理念"为主要引导性举例作出阐释。其二，本方法的举例分析说明。以三中全会《决定》第三部分"加快完善现代市场体系"为本方法分析说明的重要举例。其三，本方法的拓展应用。以政府权力清单制度建设的中央统一决策和笔者深入一线调研的实例为拓展应用举例。其四，本方法的历史镜鉴宝典。以东汉初班固编纂的《汉书·艺文志》之《兵书略》及《周易》等中华文化典范论述为历史镜鉴宝典举例。由此，以中国当今最前沿的权威论述、创新理念和顶层设计的市场体系建设、权力清单制度建设以及中国古典范例，实现改革最高决策与一线实例的对应，改革顶层设计与现实多彩实践的衔接，当今改革推进与古代典范的映照，形成对本法的系统阐释。

一、本方法的含义

条分缕析，一条一条、逐条逐条地进行分析。形容分析得有条有理，细致周密。缕，线的意思。这里用此成语命名该法，指对一些系统性强、内涵较丰富的内容范畴，进行逐行逐列、步步深化、条理清晰、细致周密分析认识直至把握的方法。

该方法的使用，如果是针对一个系统的整体进行条分缕析，它实质上也是一种对系统整体实现总体驾驭的方法，因此，它与总体驾驭法密切相连。

该方法如能与其他逻辑推进之法结合使用,例如,在要点提领的基础上,针对一个要点的内涵再予条分缕析,便能达到提领要点之举纲,而获全局目张之效果。譬如,党的十八届五中全会在集中强调了"创新、协调、绿色、开放、共享"5个发展理念之后,便以此为提领,分别对创新发展、协调发展、绿色发展、开放发展、共享发展,做出了进一步阐释。这内中使用的便是在要点提领基础上的条分缕析之法。

运用条分缕析之法,一个比较典型的事例是习近平关于"三严三实"的讲话。2014年3月9日下午,在十二届全国人大二次会议安徽代表团会议参加审议时,习近平就作风建设发表了重要讲话,首提"三严三实"。他说:"各级领导干部都要既严以修身、严以用权、严以律己,又谋事要实、创业要实、做人要实。"但他的讲话并没有就此打住,仅仅这么笼统地说说,而是接下来,予以条分缕析,对每一条、每一项具体内涵,都进一步作了完整、系统的分析、解说。由此,形成一篇内含完整、意义深远的讲话。

习近平的此处条分缕析,还有另一些需要注意的特点。首先,他没有仅仅局限于为解释而解释,也没有仅仅局限于自己的见解和认识,他同时注意了联系历史宝贵传统,予以发扬传承,推进内容的深化。譬如,在讲到"做人要实"的时候,他很自然地说道,要"做老实人、说老实话、干老实事"。而这内容,是我国上世纪60年代,以大庆"铁人"王进喜为代表的先进工人群体提出的"三老四严"的构成内容。"三老四严"的"三老"就是"做老实人、说老实话、干老实事";"四严"则是:"严格的要求、严密的组织、严肃的态度、严明的纪律"。习近平讲话,联系古今中外的实例众多,而很多都是实现了无缝对接,这应是其条分缕析的又一个特点。

习近平的条分缕析,还有一个鲜活性、与时俱进性的特点。譬如,首提"三严三实",就首先明确:"作风建设永远在路上。"这就给包括"三严三实"在内的作风建设(也是此处条分缕析的目的),提出了更高的要求。这永无止境的追求,既是中国名言"止于至善"的现代版实践,更是共产党人本就应有的价值观念。

二、本方法的举例分析说明

本方法以系统分析掌握三中全会《决定》关于现代市场体系的阐述为主例,加以说明。

加快完善现代市场体系,其内容主要在三中全会《决定》的第三部分。该部分处在三中全会《决定》中的经济分论包含的第二至第七部分(计6个部分)之中,紧接在"坚持和完善基本经济制度"之后,足见其地位的重要。现代市场体系的重要性,还可通过三中全会《决定》其他条目的屡屡提及而得到证明。本方法即以涵盖这部分的总体(包含9~13条)的主要内容,而归并成4块,再进行"条分缕析"。

条分缕析的第一步,如上所云,首先将加快完善现代市场体系的内涵,分解成4块予以展示,即:其一,完善的现代市场体系的要求;其二,建立公平开放透明的市场规则;其三,完善主要由市场决定价格的机制;其四,推进商品和要素市场建设。(见图4-1)

图4-1 条分缕析法举例示意图 Ⅰ
(条分缕析加快完善现代市场体系示意图)

条分缕析的第二步,将分解成的4块再逐一和逐步细化解析。

其一,完善的现代市场体系的要求。现代市场体系的建设,毫无疑问,首先要明确完善的现代市场体系的要求,三中全会《决定》第三部分"加快完善现代市场体系"开头即作出明确阐述。其含义包括如下几点:(1)建设统一开放、竞争有序的市场体系,是使市场在资源配置中起决定性作用的基础;(2)企业自主经营、公平竞争;(3)消费者自由选择、自主消费;(4)商品和要素自由流动、平等交换;(5)清除市场壁垒;(6)提高资源配置效率和公平性。

其二,建立公平开放透明的市场规则。建设现代市场体系,建立公平开放透明的市场规则是最基本的前提。这一前提,可分作市场环境准入和市场监管两方面把握。

市场环境准入包含:(1)市场准入制度。实行统一的市场准入制度,在制定负面清单基础上,各类市场主体可依法平等进入清单之外领域。(2)外商投资管理模式。探索对外商投资实行准入前国民待遇加负面清单的管理模式。(3)工商注册制度。推进工商注册制度便利化,削减资质认定项目,由先证后照改为先照后证,把注册资本实缴登记制逐步改为认缴登记制。(4)营商环境。推进国内贸易流通体制改革,建设法治化营商环境。

市场监管包含:(1)市场监管体系。改革市场监管体系,实行统一的市场监管,清理和废除妨碍全国统一市场和公平竞争的各种规定和做法,严禁和惩处各类违法实行优惠政策行为,反对地方保护,反对垄断和不正当竞争。(2)社会征信体系。建立健全社会征信体系,褒扬诚信,惩戒失信。(3)市场化退出机制。健全优胜劣汰市场化退出机制,完善企业破产制度。

其三,完善主要由市场决定价格的机制。常说的市场机制,主要包含供求机制、竞争机制和价格机制。其中,价格机制是最重要的机制。三中全会《决定》就完善主要由市场决定价格的机制,作出专门部署。其内容主要有:(1)尽市场所能定价。凡是能由市场形成价格的都交给市场,政府不进行不当干预。(2)放开竞争性环节价格。推进水、石油、天然气、电力、交通、电信等领域价格改革,放开竞争性环节价格。(3)限定政府定价范围。政府定价范围主要限定在重要公用事业、公益性服务、网络型自然垄断环节,提高透明度,接受社会监督。(4)注重由市场形成农产品价格。完善农产品价格形成机制,注重发挥市场形成价格作用。

其四,推进商品和要素市场建设。就一般性市场建设而言,主要应抓住基本要求和市场规则建设,主要机制建设等几个方面(见图4-2)。完善的现代市场体系应该包含的商品和要素众多,这里,主要从应该纳入全面深化改革的需要出发,突出如下几项内容:(1)建立城乡统一的建设用地市场。在符合规划和用途管制前提下,允许农村集体经营性建设用地出让、租赁、入股,实行与国有土地同等入市、同权同价。缩小征地范围,规范征地程序,完善对被征地农民合理、规范、多元保障机制。扩大国有土地有偿使用范围,减少非公益性用地划拨。建立兼顾国家、集体、个人的土地增值收益分配机制,合理提高个人收益。完善土地租赁、转让、抵押二级市场。(2)完善金融市场体系。(3)深化科技体制改革,发展技术市场。(4)其他相关部署内容。

图4-2 条分缕析法举例示意图Ⅱ
(条分缕析推进市场建设示意图)

三、本方法的拓展应用

（一）条分缕析——厘清线索，明晰认知

现代市场体系的建设，是十八届三中全会的一个重要话题。通过本方法的条分缕析，对现代市场体系建设，可形成比较系统、周密的认识。

这里需要作出延伸说明的是：本次全会决定是就需要纳入全面深化改革的内容作出阐释、部署，体现于三中全会《决定》中，则"一般性举措不写，重复性举措不写，纯属发展性举措不写。"（习近平三中全会《说明》）而不写进三中全会《决定》的，不代表我们就不要实施、不要执行、不要去做。例如那些规律已经揭示、政策已经制定、现实已经积累了丰富经验的范畴、项目、工作等，显然我们需要继续推进实施。更有五中全会《建议》进一步提出："加快形成统一开放、竞争有序的市场体系。"而这对我们现任领导干部的理论积淀、规律掌控、政策把握、经验积累等，形成严峻考验。没有良好修炼的基本功，面对全面深化改革的诸多挑战，将会是非不清，度量难定，亍亍难行。那么，对于那些平素积累不足之处，该怎么办？这里给出本法的另一用途，即通过条分缕析之法，追本溯源，而直接起到补课作用，抑或给补课工作起到指引方向、路径的作用。

（二）条分缕析——健全系统，推进发展

条分缕析法的现实应用，一个十分典型的事例，就是当前正在推进的政府权力清单制度的建设。

所谓权力清单，包含政府权力清单和部门权力清单。所谓权力清单制度，就是政府及其部门，在对其所行使的公共权力进行全面梳理基础上，依法界定每个部门、每个岗位职责与权限，然后将职权的目录、实施主体、相关法律依据、具体办理流程等，以清单的方式进行列举和图解，并公之于众的制度。

政府权力清单制度推行的基本程序是：1.全面厘清政府权力的底数；2.明确政府权力清单（在权力入单的基础上，编制权力目录，优化权力流程，确保权力在依法赋予的职责和权限之内运行,最大限度地压缩政府机关工作人员行使权力的自由裁量空间,做到清单之外无职权);3. 根据权力清单,推进政府机构内部的优化整合,加快政府职能的转变。

我国政府权力清单制度的建设,首次提出是在2013年11月党的十八届三中全会《决定》上:"推行地方各级政府及其工作部门权力清单制度,依法公开权力运行流程。"2014年10月党的十八届四中全会《决定》进一步明确提出,加快建设职能科学、权责法定、执法严明、公开公正、廉洁高效、守法诚信的法治政府。2015年3月24日,中共中央办公厅、国务院办公厅印发《关于推行地方各级政府工作部门权力清单制度的指导意见》(下简称《指导意见》)。

《指导意见》共包含3大部分15条内容。第一部分,基本要求,包含2条内容:工作目标、实施范围。第二部分,主要任务,包含8条内容:全面梳理现有行政职权、大力清理调整行政职权、依法律法规审核确认、优化权力运行流程、公布权力清单、建立健全权力清单动态管理机制、积极推进责任清单工作、强化权力监督和问责。第三部分,组织实施,包含5条内容:加强组织领导、坚持问题导向、坚持实事求是、坚持因地制宜、统筹协调推进。

《指导意见》从顶层设计的角度,针对现阶段企业、群众所反映的,尤其是近两年简政放权落实工作中发现的问题,来制定对策。地方的权力很多,用晒权力的办法予以清理。一些地方在推行权力清单中,有一些探索,但也遇到一些难题:例如,深圳市龙岗区推行"权责清单",因为真正清理权责事项时,会发现数量极其庞大,面临不知道从哪儿着手的难题,所以需要群策群力,需要条分缕析。从省级来看,现有权力清单标准不一。比如,安徽省公布了75个行政工作部门1700多项权责事项;浙江省公布了42家省级单位4000多项权力;广东省公布了51家直属部门6900多项权力。

由此可见,各省口径不一,导致了数量上的巨大差异。有的省数百上千项,有的几千项,有的是大项,有的是小项。深圳市龙岗区的方法是,设计"最小颗粒度",也就是条分缕析的最小分析单元。比如行政处罚中的交通违规处罚,闯红灯、乱停车,可算成一项交通违规的处罚,但是它将闯红灯算一项,乱停车算一项。颗粒度很小,所以它清理出来1万多项。深圳市龙岗区通过试验,总结出了很有价值的经验,主要有:同时列出权力、责任清单;建立统一的协调统筹机制;建立专门部门审核机制;引入社会参与。

据《人民日报》2015年4月11日报道及笔者实地调研,安徽省亳州市权力清单制度的建设与既往信息化建设联系起来、结合起来,借助权力清单建设机会,整合原来分散在不同行业、不同部门的软硬件建设资源,使政府权力不仅清楚了,而且乘上了信息化快车。该市运用"互联网+",创新政务服务模式,创建网上办事大厅,整合了公安、工商、民政、人社、计生、卫生等32个部门5000多万条数据信息,开发出10多个功能模块,不仅实现了老百姓网上就能办事,还可以自动地生成评估、监督、查询、统计、短信平台等众多功能。他们的网上办事大厅,已纳入3307项办理事项,自2014年12月1日上线运行以来,日均受理群众申报件1000多件。办事的效率,从申请到审批下来,过去起码要一个多星期的,现在最快只要10多分钟就可搞定。这在过去,是根本无法想象的。政府行政理念转变,带来资源的发掘和手段的升级,结果使政府办事效率空前提高,同时更为主要的是,其最终效果是更为利民、更为便民了。人民政府、人民公仆的行政宗旨,真正得到体现。

四、本方法的历史镜鉴宝典

一般说来,中国传统的思辨特点是欣赏总体动态,习惯运用综合与直觉体悟的思维方式。但这并不是说,中华文化没有逻辑推演、条分缕析的传统。

中国最古老的哲学典籍《周易》,把天地万物分别抽象为8种符号——8卦。据司马迁说,周文王又把传为伏羲创立的8卦符号予以重叠配置,演化为64卦,而且每卦又分为总述(卦辞)和分述(6爻中各爻的爻辞)。至汉代焦延寿,更进而把64卦的每卦再演为64卦,各系以爻辞,号称"洁静精微"的易学系统,至此则由最初的八卦演绎至4096卦,可谓极尽条分缕析之能事。余如中国史学典籍之祖《尚书》中,也有把治理天下分为9类,予以分别阐释的"九畴"(见《尚书·洪范篇》)。战国时期,墨子对"类"概念的归纳推理,惠施的"历物"十事说,都属此类范畴。在西汉教育儿童的识读本《急就章》(或称《急就篇》)中,也用"分别布居不杂厕"的条分缕析逻辑启蒙儿童。

东汉以来,条分缕析的思维更被广泛运用于政局分析、问题解析、治国谋略、体系构建、方案设计等各个方面,从而呈现出总体驾驭与条分缕析思维的辩证统一。如宋代大儒、哲学家朱熹,在《大学或问》中所归纳的:"盖必析之有以极其精而不乱;然后合之有以尽其大而不余。"东汉初班固在刘向、刘歆父子所辑《七略》基础上重新编纂的《汉书·艺文志》,就是对当时所能见到的全部文化典籍所作的总体编录,而又予以条分缕析阐述我国现存的第一部文献典籍。其具体做法是:由"六略"总体的概况论述,到依次对每一略下属各分部内容的条分缕析;在条分缕析的基础上,再对这一"略"所分析的内容予以总结;之后,再转入对下一略各分部的分述。以六略中的第四略《兵书略》为例:先将"兵书略"分为兵权谋、兵形势、兵阴阳、兵技巧四个系列的条目,再对四条予以分别条分缕析,剖析介绍:

六略总述:六艺略、诸子略、诗赋略、兵书略、术数略、方技略(文长不录)。

兵书略分述,兵权谋、兵形势、兵阴阳、兵技巧(所列书目不录)。

兵权谋者,以正守国,以奇用兵,先计而后战,兼形势、包阴阳、用技巧者也;

兵形势者,雷动风举,后发而先至,离合背向,变化无常,以轻疾制敌者也;

兵阴阳者,顺时而发,推刑德,随斗击,因五胜,假鬼神而为助者也;

兵技巧者,习手足,便器械,积机关,以立攻守之胜者也。

兵书略总结:兵家者,盖出古司马之职,王官之武备也……

《汉书·艺文志》载录的阐述体例及条分缕析范式,折射出民族思辨智慧的独特光辉,并形成历代大型类书、百科全书构建知识体系及分门别类的阐述剖析的思维范式,影响到传统说理或叙事中对时局形势和具体问题的条分缕析手法,如诸葛亮在《隆中对》中,对天下大局、各股势力强弱及其未来走势的条分缕析;在《出师表》中,对三分局面、朝中与边境、宫中与府中、亲贤远小等不同做法效果的条分缕析,均体现出条理清晰、细微周密的思辨特色。

传统的条分缕析法,作为思辨、论证的有效思维方式和认识世界、把握本质、解决问题的具体操作方法,对今天深入学习、贯彻十八大以来中央决议精神,深入考察、分析、研究并实施解决全面深化改革大业中各个层面的问题,同样具有不可或缺的指导意义与启发价值。

第五法　比对深化法

本法提要

本方法的内含结构及介绍的主要内容是：其一，本方法的含义。从物理科学小实验的引例及吴敬琏等深入比对实例入手，对方法的基本含义作了介绍；进一步引入五中全会精神，深化和升华比对深化之法的理解。其二，本方法的举例分析说明。以三中全会《决定》10条"完善主要由市场决定价格的机制"，为本方法分析说明的重要举例。其三，本方法的拓展应用。以"一带一路"战略为拓展应用举例。其四，本方法的历史镜鉴宝典。以秦李斯《谏逐客书》为历史镜鉴宝典举例。从而，以自然科学、社会科学，经济改革核心机制和重大战略，中国的古与今等相比对、相融汇，实现本方法的系统阐释。

一、本方法的含义

比较研究，是人们常用的一种研究方法。比对分析，重在找出事物之间的差异点和共同点，通过事物间的相同特征或相异特征的比较，通过两个或几个事物的比对研究，而实现对参与比对事物的深化、全面、系统认识，从而辨明事务本质，把握内含规律。譬如物理学研究物体浮沉条件，就常用比对分析的试验方法。此试验，可采用同一支铅牙膏壳，先做成盒状放入水中，可见其漂浮于水面；然后，再把牙膏壳挤成一团，放入水中，立刻见其沉入水底。通过如此对比，得出物体浮沉条件的一种认识；再对比不同的物质，单位体积相同而质量不同，从而又得出物质密度概念及其与物体浮沉条件的关系认识等。

比对分析，简单、明确、有效，在人们从事研究工作，乃至处理日常生活、工作问题时，常常使用。比对深化，则是要求在一般比对分析基础上进一步深化、升华，而这才是服务于推进全面深化改革的方法研究的应有之义。著名经济学家吴敬琏在《中国经济改革二十讲》中，借用英国19世纪批判现实主义小说家查尔斯·狄更斯《双城记》开篇的那段著名的话，来比对性描绘我国"两头冒尖"的经济和社会景况："这是最好的时代，也是最坏的时代；……这是光明的季节，也是黑暗的季节；这是希望的春天，也是失望的冬天；我们的前途无量，同时又感到希望渺茫；我们一起奔向天堂，我们全都走向另一个方向。"如此的比对描绘，生动、形象、深刻，使人的认识陡然提升。著名经济学家林毅夫，经常运用比对方法，将中国的现状与中国的过去比对，与外国比对，与中国的发展目标及资源状况比对等，得出很多令人不能不重视的真知灼见。

比对深化法比一般比对分析法有更高的要求。党的十八届五中全会纵观过去、现在和未来，总揽全面，统领全局，以"五大发展理念"，以对共产党执政规律、社会主义建设规律、人类社会发展规律的认识而形成的一系列治国理政新理念新思想新战略，作为在新的历史条件下深化改革开放、加快推进社会主义现代化提供科学理论指导和行动指南，对制定国民经济和社会发展第十三个五年规划提出建议，其内涵众多深刻的比对分析基础和建树。从比对深化之法来看，我们应该重点思考、吸取的主要是：其一，比对选择的对象，要有可比性，同时，比对的范畴、内容、要求标准、要达到的目的等要更明确；其二，比对不仅平面的、现时的，还要有历史的、动态的，做到纵、横二维，乃至立体三维的比对，这样才更符合主体、动态的实际，才更符合深化、升华比对的要求；其三，比对方案要有科学的设计。从而才能做到比对科学完善，最后达成比对深化之法应有的应用水平和实际效果。

二、本方法的举例分析说明

本方法的主要举例是，以三中全会《决定》10条"完善主要由市场决定价格的机制"包含的内容，选择市场定价与政府定价作出比对研究。（见图5-1）

上篇 逻辑推进之法

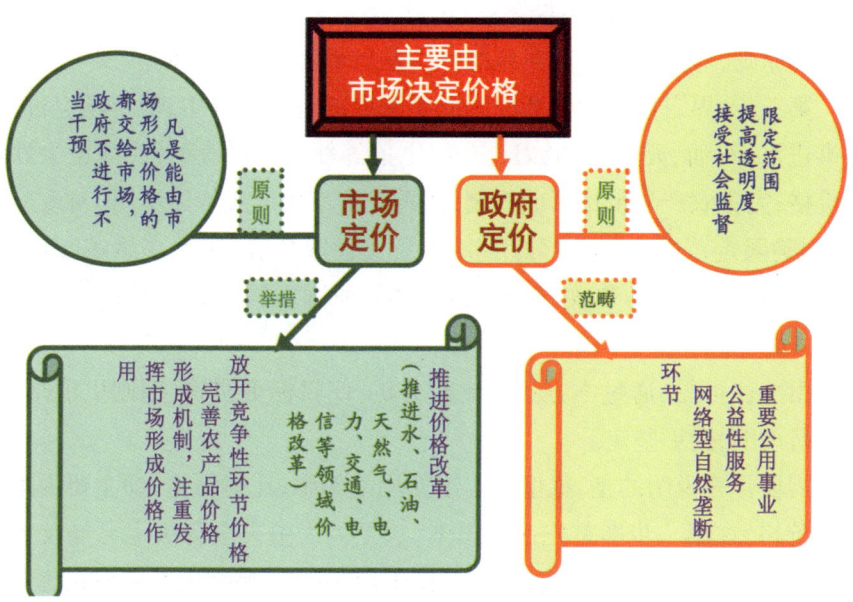

图5-1 比对深化法举例示意图Ⅰ
（比对理解主要由市场决定价格机制示意图）

三中全会《决定》所展示的一个十分重要的理论和实践创新是使市场在资源配置中起决定性作用，而这一决定作用的实现，主要应通过完善市场机制，其中关键在市场定价机制。本法举例抓住这一关键点，将之与政府定价相比对，深入而又鲜明地揭示其中内含原则、范畴和举措，把中央全会决定的部署更为清晰明了地告知读者，并推进实施。

由图5-1所示可见，本方法在举例使用中，分3步进行（也是分3个层次逐步理解）。

第一步，首先明确比对要实现的目标。将市场定价和政府定价比对，明确主要由市场决定价格。

第二步，确定实现上述目标的原则。关于市场定价，明确凡是能由市场形成价格的都交给市场，政府不进行不当干预；关于政府定价，明确限定范围，提高透明度，接受社会监督。在这里，确定了分别针对市场的原则、针对政府的原则，对企业和政府实施的分别是负面清单和正面清单。

第三步，界定依据目标和原则而要采取的行动。其中，对市场定价，明确推进水、石油、天然气、电力、交通、电信等领域价格改革；放开竞争性环节价格；完善农产品价格形成机制，注重发挥市场形成价格作用。对政府定价，明确限定范围为：重要公用事业、公益性服务、网络型自然垄断环节。由此可见，针对市场和政府，界定的目标、原则不同，采取的行动、举措也不同。

由上述可见，通过本方法的比对分析，使目标更明确，原则更清晰，落实到行动上，会更坚定。

需要补充说明的是，这里的方法使用举例中，比对结论（即主要由市场决定价格）在第一步即首先摆了出来，这是因为中央全会决定已经反复研究而明确决策。如果是研究一项尚未明确的论点，那结论就应该在比对分析的结尾而不是在它们的开头。

关于主要由市场决定价格机制的建设，2015年9月15日，中央全面深化改革领导小组第16次会议审议通过的《关于推进价格机制改革的若干意见》，做出了进一步系统性部署。会议指出，要完善重点领域价格形成机制，健全政府定价制度，加强市场价格监管和反垄断执法，实现竞争性领域和环节价格基本放开，政府定价范围主要限定在重要公用事业、公益性服务、网络型自然垄断环节，建立起科学、规范、透明的价格监管制度和反垄断执法体系。凡是能由市场形成价格的都交给市场，坚持放管结合，强化事中事后监管，提高监管效率。要统筹兼顾生产者、经营者、消费者利益，协调好经济效率和社会公平、环境保护的关系。要推进定价项目清单化，推进政府定价公开透明。并进一步提出了农产品、能源、环境、医疗服务、交通运输、公用事业和公益性服务等领域的改革目标和具体措施。对于极少数保留的政府定价项目，要求一律纳入政府定价目录，确保目录之外无定价权，制定具体管理办法、定价机制、成本监审规则，并接受社会监督，将成本监审作为政府制定和调整价格的重要程序。

五中全会《建议》进一步强调:"减少政府对价格形成的干预,全面放开竞争性领域商品和服务价格,放开电力、石油、天然气、交通运输、电信等领域竞争性环节价格。"这就使中央决议获得了更进一步的、持续性的强力推进。

三、本方法的拓展应用

(一)对举例条目的进一步深化比对、灵活比对

本方法重要举例使用的三中全会《决定》10条,处在三中全会《决定》的经济分论之中,而三中全会《决定》确定的全面深化改革,选定以经济体制改革为重点、为牵引,经济体制改革又重在解决政府与市场的关系,这一关系的解决要实现使市场在资源配置中起决定性作用,其中的关键就在于市场定价。由此可见,本法的比对,是在前述层层递进之法的步步逻辑推进的大背景下和关键点揭示的基础上,进一步通过要素比对,而使观点更清晰,措施更明了,实施更便捷。

10条处在三中全会《决定》第三部分"加快完善现代市场体系"之中,因此该法还应与前述条分缕析法的举例联系思考、应用。

全面深化改革中,很多原则、观点、举措,是相对应而产生和存在的,通过两两(或几点)紧密相关概念的比对分析,可使我们的理解深化和升华,从而实现概念把握精准,举措投放正确,改革推进到位。因此,比对深化法的使用范畴,应该是十分广阔的。

另外,比对深化法在具体运用中,会有很多的变化,要灵活掌握。譬如,在比对的具体方法、比对的具体对象等方面,就有多种不同类型,多种变化方式。四中全会《决定》在第四部分"保证公正司法,提高司法公信力"关于"完善确保依法独立公正行使审判权和检察权的制度"中,要求:"任何党政机关和领导干部都不得让司法机关做违反法定职责、有碍司法公正的事情,任何司法机关都不得执行党政机关和领导干部违法干预司法活动的要求。"这里在逻辑上是从正反两个方向作出阐述,而其中内含着"任何党政机关和领导干部"与"任何司法机关"的比对、联系,以及在此基础上的规范。(图5-2)

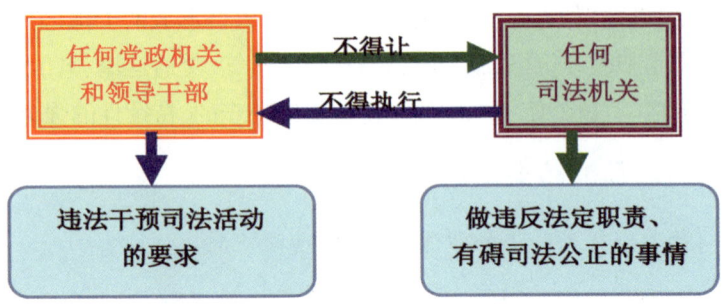

图5-2　比对深化法举例示意图Ⅱ

这种隐含的比对以及严密逻辑关系的运用,内容深刻,表达有力,比对高明,是我们进一步研究、运用比对深化法要深入学习的范例。

(二)进一步拓宽视野的宏大战略性比对谋划与升华

"一带一路"是比对古代概念而作出现代拓展、升华的一个非常典型的实例。

"一带一路"是"丝绸之路经济带"和"21世纪海上丝绸之路"的简称,于2013年9月、10月分别提出,2015年初进一步阐释建设"新丝绸之路经济带"和"21世纪海上丝绸之路"的战略构想。这是比对古丝绸之路而拓展、升华,推进中国和世界发展的宏大战略谋划,是中国推进全面深化改革开放的发展大战略,也是中国新一轮改革开放的施政重点。

古丝绸之路,是张骞(约公元前164年—前114年)于西汉(公元前202年—公元9年)出使亚洲中、西部地区开辟的以长安(今陕西西安)为起点,经关中平原、河西走廊、塔里木盆地,联结亚洲中西部地区和地中海各国的陆上通道。由此,丝绸之路形成了起始于古代中国,连接亚洲、非洲和欧洲的古代商业贸易路线。从运输方式上,分为陆上丝绸之路和海上丝绸之路。丝绸之路是一条东方与西方之间在经济、政治、文化等多方面进行交流的主要道路。它最初的作用是运输、输出中国古代出产的丝绸、瓷器等商品,故此有了"丝绸之路"的命名。显然,古丝绸之路的内涵与今日我国提出的新丝绸之路战略的内涵,已不可同日而语。这一古今比对的深化与升华,意义非凡。

还有人拿马歇尔计划与"一带一路"作比对,甚至还有将"一带一路"战略直接称之为"中国马歇尔计划"的。所谓马歇尔计划,官方名称为欧洲复兴计划,是第二次世界大战结束后,美国对被战争破坏的西欧各国进行经济援助、协助重建的计划,对欧洲国家的发展和世界政治格局产生了深远的影响。该计划因为美国国务卿马歇尔在1947年6月5日哈佛大学的毕业典礼上发表演讲,宣告美国已为帮助欧洲复兴做好了准备,由此得名。马歇尔计划于1947年7月正式启动,持续了4个财政年度。在这段时期,西欧各国通过参加经济合作发展组织(OECD)总共接受了美国包括金融、技术、设备等各种形式的援助合计为130亿美元。需要进一步说明的是,此时期,苏联出炉了马歇尔计划在东欧地区的"替代计划",该计划主要包括了对东欧国家的经济援助以及发展东欧国家对苏联的贸易,这被称为莫洛托夫计划,也就是后来经济互助委员会的雏形。无论是马歇尔计划,还是莫洛托夫计划,在提出和运行的背景、结构框架、运行机制及预见结果等方面,均与中国提出的"一带一路"战略存在着巨大的甚至本质的不同。

"丝绸之路经济带"概念,也不同于历史上所出现的各类"经济区"与"经济联盟",相比较而言,经济带具有灵活性高、适用性广以及可操作性强的特点,各国都是平等的参与者,本着自愿参与、协同推进的原则,发扬古丝绸之路兼容并包的精神。

"一带一路"不是一个实体和机制,而是合作发展的理念和倡议,是依靠中国与有关国家既有的双多边机制,借助既有的、行之有效的区域合作平台,凭借中国产能、外汇资产优势,利用积累的外汇储备作为拉动全球增长的资本金,通过资本输出带动消化过剩产能,解决新兴市场国家和欠发达国家的基础设施建设;同时发挥新兴市场国家和欠发达国家的资源优势,弥补中国油气资源、矿产资源的不足,扭转中国的工业和基础设施集中于沿海,如果遇到外部打击,容易失去核心设施的短处。由此可见,中国是在对古代"丝绸之路"的伟大历史实践予以发扬光大,坚持主动地、和平地发展与沿线国家的经济合作伙伴关系。"一带一路"的战略目标是要建立一个政治互信、经济融合、文化包容的利益共同体、命运共同体和责任共同体。也就是说,中国推动的是包括欧亚大陆在内的世界各国,构建一个互惠互利的利益、命运和责任共同体。

五中全会《建议》指出:推进"一带一路"建设。秉持亲诚惠容,坚持共商共建共享原则,完善双边和多边合作机制,以企业为主体,实行市场化运作,推进同有关国家和地区多领域互利共赢的务实合作,打造陆海内外联动、东西双向开放的全面开放新格局。

"一带一路"的核心内容,对中国来说是国家承担贷款风险,企业输出过剩产能,人民币国际化,三位一体。对世界来说是中国与丝路沿途国家分享优质产能,共商项目投资、共建基础设施、共享合作成果。其具体内容包括道路联通、贸易畅通、货币流通、政策沟通、人心相通等"五通"。其内容丰富,秉承共商、共享、共建原则,结果上,是合作互利共赢。

"一带一路"战略的提出,目前在世界已经形成巨大、广泛的影响,已有近60多个国家和地区参与支持,已有50多个国家明确表示愿意参与"一带一路"战略。这就意味着,在欧亚大陆上至少已有一半的国家已经明确表示愿意参与"一带一路"战略,愿意参与的国家数量还在不断增加之中。

四、本方法的历史镜鉴宝典

在中外思维科学研究中,比对深化是应用极广的有效方法。在社会科学研究各领域,如政治经济学、人类学、史学、管理科学诸方面,尤其重视借助比对深化思维以深入理解、分析事物、现象,进而发现、把握其表象之下的本质属性与深层规律,从而作出准确判断,找到解决问题制订方案的科学依据与关键所在。

在中国传统文化中,比对深化的方法更是被运用得炉火纯青,异彩纷呈。尤其是春秋战国的"诸子蜂起,百家争鸣"时期,一方面是众多学术大家著书立说,聚众讲学,相互切磋,彼此辩驳;另一方面则有辩口利舌之士纵横捭阖,驰骋说辞。学术诸子是辩思天人之道,穷究万物之理;纵横辩士则

"一言之辩,重于九鼎之宝,三寸之舌,强于百万之师"。在辩思论著与游说辞令中,既存在操作方法、理论观点、事物属性与事件本质的内容意义对比,也有一对一、一对众、众对众的方式对比,既有静态的稳定比对,也有动态的序列比对。各种比对手法,或用于外交场合的折冲尊俎,呈现为高智商的较量,或用于文章大家的鸿篇巨制,蕴涵着不动声色的制胜韬略。下面以秦代李斯的例子,看他如何创造性地运用比对深化手法,达到了常规看来几乎绝对达不到的目的。

　　出生于楚国上蔡的李斯,不甘心屈身下层,到秦国投靠吕不韦,不久又受到秦王(即后来的秦始皇)的赏识,而被任命为"客卿"。当李斯准备大显身手以获更大提升时,突然遇到秦国驱逐客卿的事件,因为秦国发现,韩国的水利工程师郑国是受委派的间谍,秦王宗室大臣要求"一切逐客",李斯自然也在被逐之列。此时,秦王本已震怒,加上王室成员的耸动,素以残暴专横著称的秦王,当然不会给任何人留有讨价还价的余地。然而见识、胆识过人的李斯,偏偏在离开秦国的命运几乎绝无可能挽回的严峻形势下,用一篇被后人称《谏逐客书》的奏章,使秦始皇迫不及待地立即收回逐客命令,派快马追回李斯,并委以重任。从而创造了古今游说史上近于传奇色彩的成功范例。李斯用什么奇术秘诀,竟然使暴虐不可一世的秦王,马上改变了做法?阅读一下《上书秦王》(后人命名为《谏逐客书》)可以发现:李斯说服秦王,主要运用的就是层层比对、步步深化的方法,其比对深化的程序大致如下:

　　第一步:以秦国历史上客卿而富强的历史,比对当前逐客之过,开篇从称颂秦王前辈穆公、孝公、惠王、昭王四个君王通过客卿拓展疆土、增强国力的"光辉历史"入手,既讨得秦王欢心,又绵里藏针地揭示出当前逐客的错误。

　　第二步:以秦王自身不分国界地取用资源,以供本国享用的正确做法,比对当前,在取用人才上,却以国划界做法的悖谬。

　　第三步:以古代圣贤"五帝三王"不分国界任用人才,而得以"天下无敌"的先例,比对当前,排斥异国人才,必将导致四面树敌处境的严重失策。

第四步:以秦国逐客以图泄一时之愤的做法,与即将招来的重大危机比对,揭示出逐客错误将导致的触目惊心的后果。

以上四个步骤四层比对,事例得当,话语得体,节奏得宜,劝谏得法,使盛怒中的秦王由怒而喜(喜称颂其先祖),由喜而信(信以其身边事物的比对),由信而忧(忧逐客失去人才),由忧而惧(惧四面树敌,危及秦国),终于幡然醒悟,立即收回成命,追回李斯,并日渐重用。后利用六国人才,攻取六国,不到十年,就统一了疆土,建立了中国历史上第一个大一统的集权王朝。因此,无论从李斯这封书信的当时效果看,还是从秦国统一在历史进程中的重大意义看,李斯在说理、谏事、劝人的过程中所用的比对深化之法,实为亘古力挽狂澜的成功奇观!

可以设想,如果李斯抛弃比对深入手法,只是委曲诉说、苦苦哀求,或者强词说理、反复辩驳,其结果,轻者只能是徒劳无功,重者还可能顶撞秦王,逆其龙鳞,不仅不能达到使之改变做法的目的,甚至可能招来更大的惩罚,乃至杀身之祸。这里,我们也是暗暗运用了比对之法——通过李斯使用比对深化法与采取其他方法的比对——看出比对深化法的巨大功用。

中　篇　拓展深化之法

　　本篇意在通过对党的十八届三中、四中、五中全会部署的特别突出的改革和建设要点进行分析研究,提炼出相应的方法。

　　这里重点分析三中全会《决定》2.2万字文本构成内容,首先从全部16个部分来看,采取直接由各部分标题的核心构成词汇来判定,则关于制度、体制、机制、体系的,计占了10个部分。它们分别是:制度3个部分(二、八、十四);体制5个部分(五、六、七、十一、十三);机制2个部分(六、十一,这两个部分体制与机制并列);体系2个部分(三、十)。

　　分析三中全会《决定》构成内容,再从全部60条条目来看,仍然以标题的核心构成词汇来判定,则关于制度、体制、机制、体系及规则、方式的,计占了34条(其中,23、43条,体制与机制并列;36条,体制、机制、制度并列),它们分别是:制度14条(5、7、17、18、19、27、28、34、36、37、45、51、53、56);体制10条(13、23、31、36、38、43、46、49、54、55);机制6条(10、23、33、35、36、43);体系6条(12、14、20、39、40、50);规则1条(9);方式1条(47)。

　　分析三中全会《决定》构成内容,再从其全文文本来看,仍然以其核心词汇出现频率、强度来判定,其中,制度一词出现次数最多,高达183次;其次分别是机制,115次;体制,88次;体系,68次;方式,15次;规则,6次。

　　进一步分析围绕制度、体制、机制、体系等的建设活动,其重要词汇出现频率是:改革,136次;完善,113次;健全,93次;建立,83次;加强,49次;加快,45次;创新,44次。分析围绕制度、体制、机制、体系等的建设之法,归纳为3类:一类是改革创新之法;二类是健全完善之法;三类是综合之法。依此分类,本篇选定如下10个方法:制度与时俱进法、健全完善制度法、深化体制改革法、健全完善体制法、建立健全机制法、"三制"合力法、创新构建体系法、健全完善体系法、建立规则法、改进方式法。其中,机制的创新和健全完善,在条目中的内容大多表现为创新与健全完善二者混合叙述,或与制度、体制混合阐述,所以这里以开列一法作综合处理。

无论是进入三中全会《决定》文本阅读或研究四中全会《决定》、五中全会《建议》及其他论述,或者进入实践领域考查,都可看到,制度、体制、机制、体系以及规则、方式,它们的改革创新或健全完善,都不是孤立进行的,往往相互交错,相伴推进、交错并行才是最普遍的现象。例如五中全会《建议》,其文本中"发展"一词出现次数最多,高达249次。而围绕"发展"这个第一要务的实现,则制度、体系、机制、体制的建设必不可少,改革更事关成败,因此,这些词语出现的次数都较高,分别为71、65、55、31和51,而且是频频交错出现。所以,如上各法的单个描述,只是相对的,现实运用中,综合调度,统筹运作,才能更好地服务于全面深化改革的需要,而这对方法掌握和运用能力,则必然地提出了更高的要求。

中篇

拓展深化之法

第六法 制度与时俱进法

本法提要

本方法的内涵结构及介绍的主要内容是：其一，本方法的含义。以《刻舟求剑》寓言故事为引导性举例，介绍了方法的基本含义，并作了相关的深入分析。其二，本方法的举例分析说明。以三中全会《决定》27条"推动人民代表大会制度与时俱进"这个宏观制度的创新建设为本法分析说明的重要举例。其三，本方法的拓展应用。以列为我国"基本国策"且三中全会、五中全会与时俱进做出新的决策的人口制度变迁为拓展应用举例。其四，本方法的历史镜鉴宝典。以秦商鞅变法等为历史镜鉴宝典举例。如此，统观最高政治制度和基本国策的人口制度，纵览中国古今重大改革、变法，以本质性的制度和与时俱进的变革，形成本方法介绍的体系、特征，达成系统的方法阐释。

一、本方法的含义

《吕氏春秋·察今》记述了一则寓言，叫《刻舟求剑》。故事说，有个楚国人，坐船渡河时不慎把剑掉到河里。于是，他用刀在船上刻下记号，说："这是我的剑掉下去的地方。"船停下时，他就沿着记号跳下河去寻找，结果当然是什么也没找到。当今世界，迅猛变迁，如不能与时俱进，凡事都可能重蹈刻舟求剑的覆辙。至于制度的与时俱进，那就更事关大局、事关根本了。

所谓制度，一种含义是指在一定历史条件下形成的政治、经济、文化等方面的体系。如：经济制度、政治制度等。另一种含义是指要求大家共同遵守的办事规程或行动准则。如：工作制度、考勤制度等。所谓与时俱进，即随着时代的发展而不断发展、前进。

作为制度,不论其含义是从微观的角度指为要求组织成员共同遵守的办事规程和行动准则,还是从宏观的角度指为在一定历史条件下形成的政治、经济、社会、文化等方面的体系,它们都存在着与时俱进的必然要求。作为一个文明社会,不论环境、时代如何变化,人们的行为都必须规范,必须有一定的制度约束(和激励),作为规范人们行为的制度,必须适应时代的要求,也就是要与时俱进。这样制度与时俱进和规范的社会,才是文明的社会,才会最大限度地有益于人民的幸福。因此,研究、运用制度的与时俱进之法,有着普遍和久远的价值。

"完善和发展中国特色社会主义制度",这是三中全会《决定》所确立的全面深化改革总目标的两句话的第一句话。这句话指明,建设中国特色社会主义制度有"完善"和"发展"两种类型,也是其建设应分别采取的两种不同的方式方法。

前已阐明,采取直接由各条构成标题的核心词汇为"制度"来判定,则三中全会《决定》60条,关于制度建设的条款总计为14条(占23.3%,将近1/4)。以划分为"发展"和"完善"两类来区分,则27条"与时俱进"(推动人民代表大会制度与时俱进)、28条"推动发展"(推动协商民主广泛多层制度化发展)、56条"推进改革"(推进军队政策制度调整改革)、19条"建立"(建立事权和支出责任相适应的制度)和45条"建立"(建立更加公平可持续的社会保障制度)、53条"实行"(实行资源有偿使用制度和生态补偿制度)等6条,大致可归为"发展"类;5条(完善产权保护制度)、7条(推动国有企业完善现代企业制度)、18条(完善税收制度)、34条(完善人权司法保障制度)之"完善",37条(健全改进作风常态化制度)、51条(健全自然资源资产产权制度和用途管制制度)之"健全",17条"改进"(改进预算管理制度)、36条"加强"(加强反腐败体制机制创新和制度保障),大致可归为"完善"类。由如此统计归纳、分析可见,三中全会《决定》列入制度建设的计14条,其中,大体上归为"发展"者占6条,归为"完善"者占8条。从事统筹谋划和顶层设计的朋友,由此可对总体驾驭制度建设内容的结构、类型、分量等,带来全局、深层谋划的一些参考和启示。

这14条中,单独阐述制度的有13条,只有36条这一条,是与体制机制并列阐述的。由此可见制度建设的独立性特点和独特、重要功用。

进一步观察这14条在三中全会《决定》中的分布是:5、7、17、18、19条,计5条,属经济分论;27、28、34、36、37条,计5条,属政治分论;45条,计1条,属社会分论;51、53条,计2条,属生态分论;56条,计1条,属国防和军队分论。这其中,没有文化分论的条目。但笔者认为,这绝非说明我国文化领域不需要制度建设。阅读三中全会《决定》全文及其第十一部分"推进文化体制机制创新"内容可见,在三中全会《决定》16个部分中的文化部分层面,重点强调体制机制创新;在三中全会《决定》60条的文化部分4条(38~41条)的各条目层面,重点强调体制、体系建设和开放水平提升。而进入文化部分4条的具体内容阅读可看到,"制度"一词多处出现,如,"推动新闻发布制度化""严格新闻工作者职业资格制度""对按规定转制的重要国有传媒企业探索实行特殊管理股制度""改革评奖制度"等。由这些制度建设的指向可见,其制度建设的内容是从深化改革的客观、现实需要出发,现阶段突出相对基础性制度建设积累,然后再进一步向上提升(同时进一步向下深化)。这一制度建设的推进思路,可供各大领域推进深化改革、推进制度建设而作路径选择的一种重要参考。

鉴于"制度"在三中全会《决定》部署中的重要地位,本篇关于制度建设的方法,特别选择分别以与时俱进的发展和健全完善的建设来作出研究;特别选择以三中全会《决定》27条和7条分别为主例,并再配以辅例,加以分析、阐述。

比较制度的与时俱进法和健全完善法,前者所涉及的内容范围更广、问题层次更深,因此将面对的挑战、要调度的手段、所使用的措施都会更多、更复杂、更综合。为此,这里将与时俱进之法放在本篇之首予以阐述。

二、本方法的举例分析说明

本方法选择三中全会《决定》27条"推动人民代表大会制度与时俱进"为主例,28条"推动协商民主广泛多层制度化发展"和29条"发展基层民主"

等为辅例,同时参考其他发展类制度建设等条目,以及四中、五中全会等中央全会精神,尤其是五中全会关于"五大发展理念"等关于发展的论述和"十三五"规划部署,加以分析说明。

(一)27条在三中全会《决定》中的位置

27条处在三中全会《决定》中的政治分论所包含的三个部分的第一个部分,即第八部分"加强社会主义民主政治制度建设"所包括的27～29条的第一条。该条之后紧接28条"推进协商民主广泛多层制度化发展"、29条"发展基层民主"。该条不论是在第八部分,还是在政治分论的3个部分中,都起到从国家民主政治、国家法治的最高层面上推进制度深化改革,实现与时俱进的政治制度进步的重要作用。

(二)27条的内容结构

人民代表大会制度的建设,是我国人民政治生活中的一件大事,是一项牵涉很多方面的深化改革和创新建设的艰巨工程,因此本书与下述第七法举例使用的"完善国有企业现代企业制度建设"相比,其内容宏大,改革层次的深度、推进建设与时俱进的难度等,都显而易见。

本条在三中全会《决定》文本中是两个自然段,对这两个自然段分解、分析,可以看到,一般制度与时俱进主要涉及5个方面的工作(参见图6-1)。

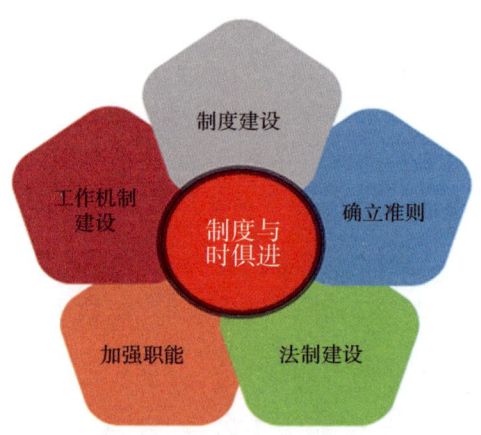

图6-1 制度与时俱进法举例示意图

依据三中全会《决定》文本,分解为5个方面,进一步细化阐释追求与时俱进的制度改革创新建设及其表现方法如下。(参见图6-2)

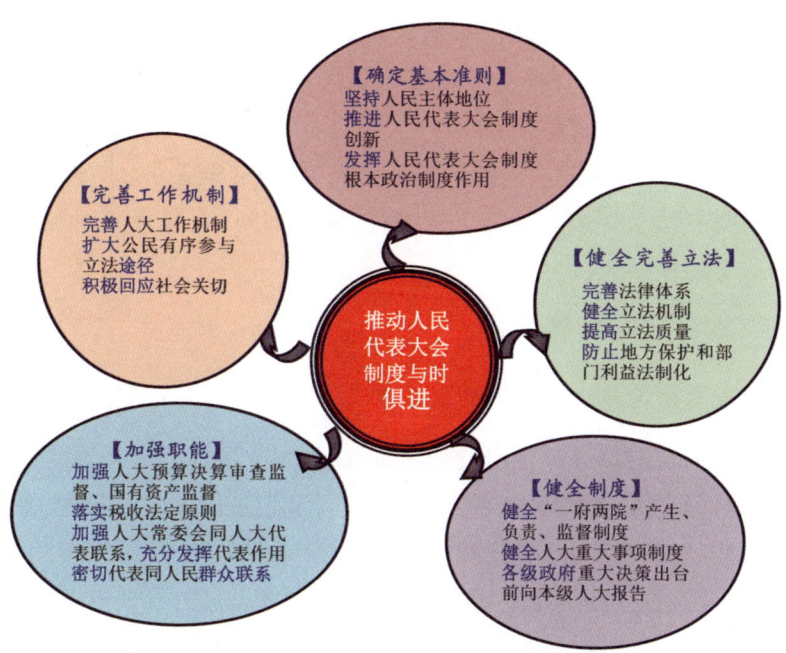

图6-2　制度与时俱进法举例示意图Ⅱ
(推动人民代表大会制度与时俱进示意图)

其一,确定基本准则。分解为3条:(1)坚持人民主体地位;(2)推进人民代表大会制度理论和实践创新;(3)发挥人民代表大会制度的根本政治制度作用。

其二,健全完善立法。分解为4条:(1)完善中国特色社会主义法律体系;(2)健全立法起草、论证、协调、审议机制;(3)提高立法质量;(4)防止地方保护和部门利益法制化。

其三,健全制度。分解为3条:(1)健全"一府两院"由人大产生、对人大负责、受人大监督制度;(2)健全人大讨论、决定重大事项制度;(3)各级政府重大决策出台前向本级人大报告。

其四,加强职能。分解为4条:(1)加强人大预算决算审查监督、国有资产监督职能;(2)落实税收法定原则;(3)加强人大常委会同人大代表的联系,充分发挥代表作用;(4)通过建立健全代表联络机构、网络平台等形式密切代表同人民群众联系。

其五,完善工作机制。完善人大工作机制,通过座谈、听证、评估、公布法律草案等扩大公民有序参与立法途径,通过询问、质询、特定问题调查、备案审查等积极回应社会关切。

三、本方法的拓展应用

(一)制度与时俱进法举例的联系思考

从制度的与时俱进深化建设来说,仍以我国人民代表大会制度建设为例,必须有深度的历史考量和现实谋划。设计和发展国家政治制度,要注重历史和现实、理论和实践、形式和内容有机统一。要坚持从国情出发、从实际出发,既要把握长期形成的历史传承,又要把握走过的发展道路、积累的政治经验、形成的政治原则,还要把握现实要求、着眼解决现实问题,不能割断历史,不能照搬照抄。正如习近平所指出的:"不能想象突然就搬来一座政治制度上的'飞来峰'。""我们需要借鉴国外政治文明有益成果,但绝不能放弃中国政治制度的根本。""世界上不存在完全相同的政治制度,也不存在适用于一切国家的政治制度模式。"

2014年9月5日,习近平在庆祝全国人民代表大会成立60周年大会上的讲话中指出:"60年前,我们人民共和国的缔造者们,同经过普选产生的1200多名全国人大代表一道,召开了第一届全国人民代表大会第一次会议,通过了《中华人民共和国宪法》,从此建立起中华人民共和国的根本政治制度——人民代表大会制度。中国这样一个有5000多年文明史、几亿人口的国家建立起人民当家作主的新型政治制度,在中国政治发展史乃至世界政治发展史上都是具有划时代意义的。"这一制度明确规定:"中华人民共和国的一切权力属于人民。人民行使权力的机关是全国人民代表大会和地方各级人民代表大会。"人民当家作主是社会主义民主政治的本质和核心。

总结历史和当今实践并前瞻发展趋势,对人民代表大会制度建设作出原则性界定:必须毫不动摇坚持中国共产党的领导,必须保证和发展人民当家作主,必须全面推进依法治国,必须坚持民主集中制。人民代表大会制度是中国特色社会主义制度的重要组成部分,也是支撑中国国家治理体系和治理能力的根本政治制度。新形势下,我们要毫不动摇地坚持人民代表大会制度,也要与时俱进地完善人民代表大会制度,其主要工作有:加强和改进立法工作,加强和改进法律实施工作,加强和改进监督工作,加强同人大代表和人民群众的联系,加强和改进人大工作。

制度的与时俱进、变革发展,应当与制度的完善、健全相联系而推进。从人民代表大会制度这个特定制度的变革发展来说,还应当与其他制度的与时俱进相互支持、相互促进,譬如与三中全会《决定》28条阐述的"推进协商民主广泛多层制度化发展",29条"发展基层民主"等相联系思考拓展深化。27条"推动人民代表大会制度与时俱进",表述了居于我国社会主义民主政治制度建设最高层的人民代表大会制度,推进与时俱进建设的纵向深化部署。而28条"推进协商民主广泛多层制度化发展",则从协商民主,我国社会主义民主政治的这一特有形式和独特优势上,展示了其广泛多层制度化发展的安排。由此可见,27条、28条相配合,纵深推进和多层发展相结合,乃至再进一步延伸至29条"发展基层民主",则三中全会《决定》第八部分"加强社会主义民主政治制度建设"的深化改革部署,得到系统、完整表达。

27条阐述的制度居于最高层,对其他众多处于中下层的制度建设起到规范、指导作用;而中下层制度建设,则对其起到基础性支撑、支持作用,如19条、45条、53条,还有56条等。因此,不论是出于对制度建设内容的全面把握,还是出于对制度建设方法的掌控,都应将27条与其他制度条款,乃至体制、机制、体系等条款相联系思考、相伴谋划和深化实施。

（二）制度与时俱进法拓展应用举例

党的十八届三中全会《决定》指出："坚持计划生育的基本国策，启动实施一方是独生子女的夫妇可生育两个孩子的政策"。党的十八届五中全会（公报）进一步指出："促进人口均衡发展，坚持计划生育的基本国策，完善人口发展战略，全面实施一对夫妇可生育两个孩子政策"。"坚持计划生育的基本国策"，这一被当今政策纳入"基本国策"的制度，回顾其变迁史，当是我们研究制度与时俱进法的一个十分典型的事例。

一个国家和地区的人口问题，是一个制约该国家（地区）经济社会发展的刚性问题。我国是一个人口大国，因此，人口政策在我国政策制定和实施中的地位，以"基本国策"首当其要。纵观我国自新中国建立以来的人口政策变迁，能够对研究制度与时俱进法带来众多启迪。尤其在现阶段，中国经济发展的人口红利迅速下降，呈现所谓"刘易斯拐点"，研究人口政策、人口制度，更有着极为紧迫的现实意义。三中全会《决定》，在46条当中专门用了一个自然段来阐明国家在新时期的计划生育政策；五中全会公报及"十三五"规划《建议》与时俱进，进一步用专门条款指明调整政策以及规划、部署，意义非凡。

回顾中华人民共和国计划生育史，大致可分作这样几个与时俱进的阶段：第一个阶段是1950年代至1970年代，这个阶段是从"赞成适当地节制生育"到"最多生育两个"的阶段；第二个阶段是1980年代，这是"一胎化"阶段；第三个阶段是1990年代至今，这是一票否决制和极低生育率阶段。截至2015年，我国实行的计划生育政策，提倡一对夫妻生育一个子女，因此又称为"独生子女政策""一胎化政策"或"一孩政策"。

计划生育政策，尤其是"一孩政策"的实施，使我国在控制人口过快增长，解决人口与经济社会发展的众多矛盾方面，起到巨大的作用。中国国务院新闻办公室曾发表《中国的计划生育》白皮书，评价中国的计划生育是"符合国情的战略决策、造福于民的社会事业、保障人权的正确选择"。随着形势的发展，今天，必须看到计划生育对中国的人口结构、人口总量、生育文化、国民经济、社会保障、国家安全等方面所带来的严重影响。中国的生育率已经降到极低水平，老龄化日趋严重，出生婴儿男女性别比畸高，人口红利到达拐点。

所谓"人口红利"，是指一个国家劳动年龄人口占总人口比重较大，抚养率较低，为经济发展创造了有利的人口条件，整个国家经济呈高储蓄、高投资和高增长局面。人口红利下降，意味着劳动年龄人口越来越少，劳动力对经济增长的贡献急剧地减缩，其减缩必然带来这样一个直接后果，即：社会吃饭的人越来越多，创造财富的人却越来越少，储蓄率大幅下降，转化为投资的资金变少，资金不够，整个经济的增长活力降低，增速减慢。

中国人口红利正处于"拐点"。国家统计局公布2012年统计公报显示，2012年末，中国内地的15至59岁劳动年龄人口为93727万人，比上年末减少345万人，劳动年龄人口占总人口69.2%，比上年末下降0.6个百分点，这是相当长时期以来中国劳动年龄人口绝对数量首次出现下降。

与此同时，中国的老年人口比重继续攀升。公报显示，2012年中国内地60周岁及以上人口是19390万人，占总人口的14.3%，比上年末增加891万人，提高0.59个百分点。

根据有关预测，2012年之后，中国劳动年龄人口在比较长一段时间里，至少在2030年以前，会稳步、逐步有所减少。而与此同时，一个客观的情况是，中国目前还没有真正跨过"中等收入陷阱"，却不得不面临"未富先老"挑战。面对着人口红利消减和老龄化挑战，中国人口政策以及社会政策、社会保障体系等都应该提出与时俱进的应对措施。现行体制具有很大惯性，所以现在新一届政府要全面启动包括计划生育政策调整的新一轮的改革。

三中全会《决定》指出："坚持计划生育的基本国策，启动实施一方是独生子女的夫妇可生育两个孩子的政策，逐步调整完善生育政策，促进人口长期均衡发展。"李克强总理在2015年政府工作报告中说道："推进计划生育服务管理改革。健康是群众的基本需求，我们要不断提高医疗卫生水平，打造健康中国。"五中全会进一步作出与时俱进的部署："促进人口均衡发展，坚持计划生育的基本国策，完善人口发展战略，全面实施一对夫妇可生育两个孩子政策,积极开展应对人口老龄化行动。"五中全会的这一决策,是对当年"一孩化"生育政策的与时俱进的适时调整。当年的"一孩化"政策,既不是3年、5年的短期安排,也不是50年、100年的不变政策,而是期限大致在一代人上下的人口战略。现在,战略期限到了,预期目标达到,新的情况需要应对,制度与时俱进的调整便在情理之中。此制度的前后变迁史,给制度与时俱进法提供了典范。

至于应该如何具体应对人口红利的消减和老龄化的挑战?有关专家指出,一方面要调整生育政策,一方面要更加注重劳动力素质的提高。

笔者认为,正像五中全会所指出的,既"全面实施一对夫妇可生育两个孩子政策",又"积极开展应对人口老龄化行动",要将应对人口老龄化问题和计划生育问题统筹谋划。就计划生育来说,还要同时注意生育、养育的社会关怀、社会照顾政策的建设,不能传统性地、狭隘地认为,生养孩子完全是个人或家庭的行为与责任。要以国家富强的宏大、长远战略眼光为指导,具体落实在税收和教育等各个方面,切实减轻育龄夫妇的负担,让普通家庭愿意生孩子,并且养得起孩子。否则,即使完全放开两孩政策,也不一定会像想象的那样,人口会呈现迅速增长,而且,我们真正要追求的,应是均衡、健康发展的人口制度。

笔者在对安徽、西藏等80后为主体的年轻干部群体和部分农民工群体调研中发现,多数人起码目前不愿生二胎、二孩。譬如2015年3月,笔者在安徽亳州市十八里镇调研发现,该镇2014年符合再生育条件者1410人,当年申请再生育者319人,最终经审核批准生育者仅281人,只占符合生育条件人数的19.93%,不到五分之一。习近平总书记在五中全会《说明》中说道,截至2015年8月底,全国提出生育二孩申请者占比15.4%。这比笔者的调查数字还低4.53个百分点,而且还仅是提出生育二孩申请者,同时时间又延续到了2015年的8月份。显然,习近平总书记使用数据显示的全国平均水平,表明的情况更为严重。对这一问题应作出深入研究,如果育龄人口普遍不愿生育,那将是一个更为严峻的问题!

我国应研究、借鉴世界成功国家的人口政策和做法,在对全社会人口普惠、博爱的基础上,政府尤要突出对生和死、幼和老的两端,对婴幼儿的生养和老人的养老这两头,制定政策,增加社会照顾和关爱,使幼有所养,老有所依,真正实现孔子等圣贤所期盼的"大同"社会那样:"大道之行也,天下为公,选贤与能,讲信修睦。故人不独亲其亲,不独子其子,使老有所终,壮有所用,幼有所长,鳏寡孤独废疾者,皆有所养。男有分,女有归。货,恶其弃于地也,不必藏于己;力,恶其不出于身也,不必为己。是故谋闭而不兴,盗窃乱贼而不作,故外户而不闭,是谓'大同'。"(《礼记·礼运第九》)其大意是:在大道实行的时候,天下是为公的,选拔的是有贤德和有能力之人,讲求的是信义,修习的是亲睦。人们不只爱自己的父母,不只爱自己的子女。老年人,安度晚年;壮年人,发挥作用;幼年人,得到抚育;鳏寡孤独和残疾之人,都得到赡养。男子有职业分工,女子有好的归宿。人们担心的是,财货被丢弃在地上不用,而不是非要据为己有;担心的是,不能贡献自己的力量,而不是非要为自己谋利。所以,没有阴谋诡计,没有盗贼动乱,各家的大门甚至都不用关闭。——这就是"大同"。

大同世界,既是历代圣贤的梦想,更是我们当今以现代化标准而与时俱进地孜孜追求的目标。具体到人口发展政策来说,就是要推进中国由人口大国,迈向人口强国。可喜的是,三中全会、五中全会已有与时俱进的制度安排和周全的部署:"积极开展应对人口老龄化行动,弘扬敬老、养老、助老社会风尚"。"加快建立社会养老服务体系和发展老年服务产业。健全农村留守儿童、妇女、老年人关爱服务体系,健全残疾人权益保障、困境儿童分类保障制度。"

与时俱进无穷期,制度的与时俱进变革发展,必能带来中国的人口繁衍,民族昌盛,国家富强。

四、本方法的历史镜鉴宝典

"与时俱进",是人类文明发展的常态,更是宇宙万物生生不息的本质属性。中国传统文化中的"与时偕行"(《易·损卦·彖辞》)、"世易则事异,事异则备变"(韩非子·五蠹)、"治国无法则乱,守法费变则悖"(吕氏春秋·察今)等论述,说的都是"与时俱进"的道理。客观事物、客观环境变化了,当政、办事的思路方法、方针政策也须随之变化。不然的话,小则事情办糟,大则导致事业失败。

《吕氏春秋·察今》,曾以"荆人涉澭"为例,说明客观事物已变,而方法不随之改变的惨痛教训。"荆人涉澭"说的是:楚国人在偷袭宋国之前,先在宋、楚交界的澭水上,做了河水深度的标记,以作为偷袭渡河路线的标志。不料澭水突然猛涨,楚国却仍按原标志涉水渡河,结果,大军纷纷被淹死。其现场惨烈的惊叫声,如同整个城市房屋一起倒塌一样,极端恐怖。还有韩非子,用"守株待兔"等寓言故事所阐明的道理,同是证明固守前法而毫无所得的害处。

著名的商鞅变法,则是与时俱进的成功典范。战国时期的商鞅变法,是中国历史上的重大事件。变法之前,秦国贫弱,被中原各国视为夷狄之邦。秦孝公要任用商鞅,变法图强,但遭到保守派的强力阻挠。以甘龙、杜挚为代表的保守派,顽固地反对变法,坚持认为:"圣人不易民而教,知者不变法而治。"意思是:圣明的人,不去改变百姓的旧习俗来施行教化;聪明的人,不改变旧有的法度来治理国家。商鞅则极力劝说秦孝公,不畏流俗,尽快实施变法。他指出,建立礼法的目的是"爱民""便事",所以,只要是强国利民的立法制度,就可以施行。对保守派的质疑,商鞅以"三代不同礼而王,五霸不同法而霸"的历史事实,说明变法才能富强。《商君书》云:"制度时,则国俗可化,而民从制。"意思是说,国家的制度合于时宜,则国家的风俗就能改变,而民众就服从制度。环境变了,人们要适应环境的变化;时代变了,人们要适应时代的发展。商鞅以"前世不同教,何故之法?帝王不相复,何礼之循?"反驳因循守旧的迂腐之论,大胆断言,"反古者未必可非,循礼者未足多是。"促使秦孝公下定了变法决心。

商鞅在秦孝公支持下,以"礼法以时而定,制令各顺其宜"的标准,在爵位设定、田产分配、军功奖励、劳役赋税、文化管理诸方面,制定实施了新的法令制度,结果仅用20年时间,就使得贫穷落后的秦国,一跃而成为当时诸侯国中最富裕、最强大的国家。直到此后一百多年,李斯还对秦王盛赞:孝公任用商鞅变法是"民以殷盛,国以富强,百姓乐用,诸侯亲服,获楚魏之师,举地千里,至今治强"。虽然商鞅在秦孝公死后失去支持,以致被旧贵族杀害,遭受车裂酷刑,令人扼腕叹息。但是,"商君死,其法未败。"(《韩非子·定法》)商鞅所制定推行的新法,仍然在秦国继续推行,乃至影响至今。

商鞅,虽然因推进变法蒙受了万古奇冤,但其勇于推进变法的精神,以及正确的变法设计、坚定地推进实施,这种与时俱进的精神毅力、卓识远见和气度胆略,为我们今人与时俱进地推进全面深化改革,提供了借鉴的典范。

第七法　健全完善制度法

本法提要

本方法的内含结构及介绍的主要内容是:其一,本方法的含义。以方法的基本含义和一个反例来作出正反说明。其二,本方法的举例分析说明。以三中全会《决定》7条"推动国有企业完善现代企业制度"和五中全会《建议》第三部分"坚持创新发展,着力提高发展质量和效益"的相关内容,推进这个微观制度的健全完善,作为本法分析说明的重要举例。其三,本方法的拓展应用。以健全完善混合所有制经济制度等为拓展应用举例。其四,本方法的历史镜鉴宝典。以中国历史上延续至今的人才选拔制度的不断健全与完善等为历史镜鉴宝典举例。本法的阐释,既形成其内含的古与今、经济与人事、国有企业制度与混合所有制制度等的通览;同时,进一步与上法(制度与时俱进法)相联系,使它们分析说明中的重要举例,形成密切配合;其他举例,则从古代圣贤的大同理想、变法图强,到当今现实政治制度的创新实践,从新中国人口制度的不断变革,到中国古今的人才制度变迁,从而形成一个人口、人才、经济、政治及宏观、微观和古今交融的制度创新与健全完善的统揽性阐释。

一、本方法的含义

党的十八届三中全会《决定》的全面深化改革的总目标是两句话:第一句即是完善和发展中国特色社会主义制度;第二句是推进国家治理体系和治理能力现代化。三中全会决定的全面深化改革的制度建设的重要地位,由此可见。

所谓制度,是指在一定历史条件下形成的政治、经济、文化等方面的体系;或指要求大家共同遵守的办事规程或行动准则。三中全会决定进行的制度建设,又可分为两类:一类侧重发展,以三中全会《决定》为例,重点通过27条"与时俱进"(推动人民代表大会制度与时俱进)、28条"推动发展"(推动协商民主广泛多层制度化发展)、56条"推进改革"(推进军队政策制度调整改革)、19条"建立"(建立事权和支出责任相适应的制度)和45条"建立"(建立更加公平可持续的社会保障制度)、53条"实行"(实行资源有偿使用制度和生态补偿制度)等6条得以体现;另一类侧重完善,仍以三中全会《决定》为例,重点通过5条(完善产权保护制度)、7条(推动国有企业完善现代企业制度)、18条(完善税收制度)、34条(完善人权司法保障制度)之"完善",37条(健全改进作风常态化制度)、51条(健全自然资源资产产权制度和用途管制制度)之"健全",17条"改进"(改进预算管理制度)、36条"加强"(加强反腐败体制机制创新和制度保障)等8条得以表达。据此,总结提炼出两种方法,即:制度与时俱进法和健全完善制度法,分别以三中全会《决定》27条"推动人民代表大会制度与时俱进"和7条"推动国有企业完善现代企业制度"为主例,作出分析说明。

围绕制度建设的这两种方法存在着明显不同:前者面临的深化改革任务相比较更为繁重,面临的创新面更大,涉及层次更深,需要调动的制度改革、体制变迁、机制再造等手段更多,而且常常需要综合地使用这些手段,与时俱进地推进建设,如人民代表大会制度的建设等。后者则侧重健全、完善,一般来说,这类制度的建设已经有了一定的基础,如现代企业制度、产权制度等,在全面深化改革进程中,主要将通过健全、完善、改进、加强之类的方法予以建设。

制度至关重要,这点毫无疑问,以致有人说,制度是第一生产力。这是因为,好的规则和制度能够促进社会协调和整合,能够界定权力边界和行为空间,能够实现资源优化配置和促进经济社会效益提升,能够为物质资源和精神价值提供保障。制度还有利于人们在存在不确定性和风险的环境下,形成稳定的预期和特定的认知模式,从而有利于指导个人和组织行为。

因此，依靠制度和规则，能够很好地甚至奇迹般地解决一些猛然看起来简直不可能做到的事情。

但是，完善制度的建设绝非一日之功，这里，我们尤其要警惕狗熊掰棒子的教训。说的是有一只狗熊，它虽然很幸运地找到（或偶然碰到）一片硕果累累的玉米地，现实机遇确实美好，但它一则贪婪，二则蠢笨，以致掰了一个又一个，忙活了半天，最终胳肢窝里顶多只夹了一个玉米棒子（可能还不是最好的），而走出了玉米地，错失了大好机遇，甚至前功尽弃。

二、本方法的举例分析说明

本方法主要立足于介绍健全完善制度之法，以三中全会《决定》7条"推动国有企业完善现代企业制度"为主例，17条"完善预算管理制度"以及五中全会《建议》和《中共中央、国务院关于深化国有企业改革的指导意见》（2015年8月24日）的相关条款等为辅例，加以分析说明。

（一）7条在三中全会《决定》中的位置

7条处在三中全会《决定》第二部分"坚持和完善基本经济制度"包含的4条（5～8条）中的第三条。该条在5条"完善产权保护制度"、6条"积极发展混合所有制经济"之后，8条"支持非公有制经济健康发展"之前，围绕完善微观经济组织的制度建设而设定。5、6、8条，是7条建立的前提和基础，而7条是5、6、8条所界定内容的实践细化、实化。

（二）7条的内容结构

三中全会《决定》7条的文本，由4个自然段构成。围绕国有企业现代企业制度的健全完善，可归纳为完善制度的前提、深化改革重点、健全完善举措3个方面对该制度建设的推进作出理解。其中，前两点是前提、铺垫，没有这两点的基本建设和深化改革，国企现代企业制度的建设无法实现完善健全；而没有国企现代企业制度的完善健全，则国企定位无法兑现，国企作用无法完成。（参见图7-1）

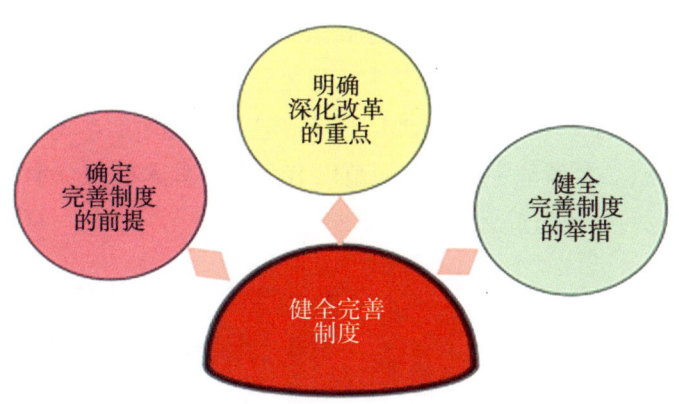

图7-1　健全完善制度法举例示意图

具体理解健全完善国有企业现代企业制度,其一,完善制度的前提。这里分解为4点来认识:(1)国企定位。国有企业属于全民所有,是推进国家现代化、保障人民共同利益的重要力量。(2)国企现状。国有企业总体上已经同市场经济相融合。(3)准确界定不同国有企业功能。(4)国有资本作出更大贡献。国有资本加大对公益性企业的投入,在提供公共服务方面作出更大贡献。

其二,推进国企改革的重点等内容界定。这里分解为3点认识:(1)进一步深化国企改革重点。必须适应市场化、国际化新形势,以规范经营决策、资产保值增值、公平参与竞争、提高企业效率、增强企业活力、承担社会责任为重点。(2)国有资本控股的自然垄断行业改革。国有资本继续控股经营的自然垄断行业,实行以政企分开、政资分开、特许经营、政府监管为主要内容的改革,根据不同行业特点实行网运分开、放开竞争性业务,推进公共资源配置市场化。(3)进一步破除各种形式的行政垄断。

其三,推动国企完善现代企业制度的主要举措。这里分解为7点认识:(1)法人治理结构。健全协调运转、有效制衡的公司法人治理结构。(2)职业经理人制度。建立职业经理人制度,更好发挥企业家作用。(3)管理制度改革。深化企业内部管理人员能上能下、员工能进能出、收入能增能减的制度改革。(4)激励约束机制建设。建立长效激励约束机制,强化国有企业经营投资责任追究。(5)财务预算等重大信息公开。探索推进国有企业财务预算等重大信息公开。(6)市场化选聘。国有企业要合理增加市场化选聘比例。(7)规范待遇。合理确定并严格规范国有企业管理人员薪酬水平、职务待遇、职务消费、业务消费。(见图7-2)

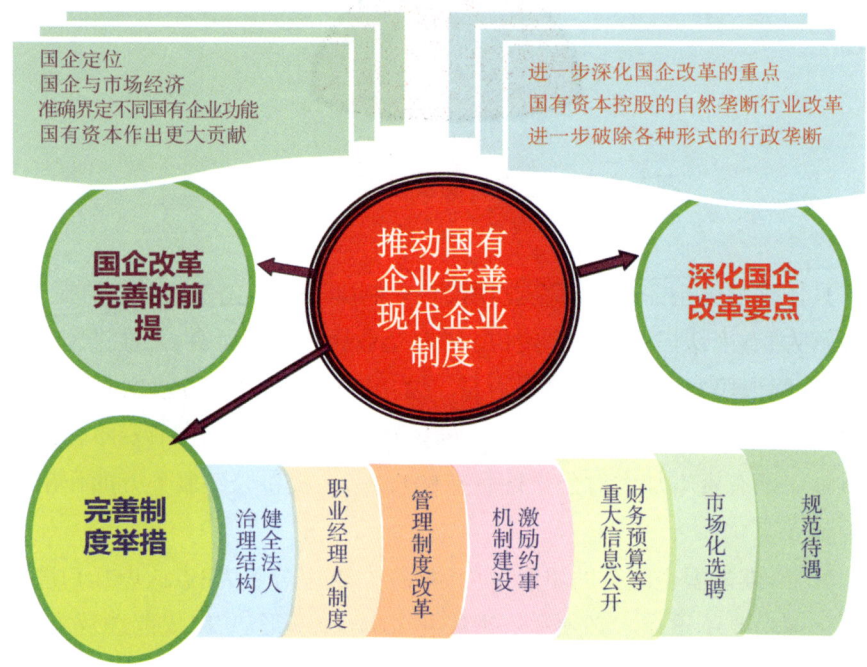

图7-2 健全完善制度法举例示意图Ⅱ

(推动国有企业完善现代企业制度示意图)

2015年6月5日召开的中央全面深化改革领导小组第十三次会议,审议通过了《关于在深化国有企业改革中坚持党的领导加强党的建设的若干意见》。该会议意见在2个多月后作出的《中共中央、国务院关于深化国有企业改革的指导意见》中得到了细化推进。中央深改领导小组第十三次会议强调,坚持党的领导是我国国有企业的独特优势。要坚持党的建设与国有企业改革同步谋划、党的组织及工作机构同步设置,实现体制对接、机制对接、制度对接、工作对接,确保党的领导、党的建设在国有企业改革中得到体现和加强。要坚持党管干部原则,建立适应现代企业制度要求和市场竞争需要的选人用人机制。要把加强党的领导和完善公司治理统一起来,明确国有企业党组织在公司法人治理结构中的法定地位。该会议强调的这些内容,把推动国有企业完善现代企业制度工作与加强党的领导统一起来,把国有企业党组织在公司法人治理结构中的法定地位突出出来,将我国现代企业制度建设推进到一个新的高度,同时也将本法(健全完善制度法)的建设工作推进一个新境界。

三、本方法的拓展应用

(一)健全完善制度法举例的联系思考

1993年党的十四届三中全会首提建立现代企业制度。至今历经20多年的理论研究和实践探索,在制度内容上,形成了产权制度、组织制度、管理制度的内容结构认识;在组织结构上,形成了以公司制为主体、以法人治理结构为核心的结构方式认识。投入改革实践,推动了我国企业制度总体水平的升级。

现代企业制度的建设,对推进我国国企的深化改革转型改制,起到巨大作用。顺应时势要求,五中全会《建议》进一步指出:"深化国有企业改革,增强国有经济活力、控制力、影响力、抗风险能力。分类推进国有企业改革,完善现代企业制度。"但建立现代企业制度并非国有企业的专利,十八届三中全会适应时势发展要求而在其《决定》8条中就已提出:"鼓励有条件的私营企业建立现代企业制度。"

时至今日,我国现代企业制度的建设,要在20多年的建设基础上,吸取经验,走向完善;要在以国企为主改制建设该制度的基础上,积极拓展,让有条件的私营企业,乃至其他所有生产力、生产关系具备条件的企业,都能建立起该项制度。从三中全会《决定》关于"制度"的相关条款来说,5条"完善产权保护制度"要重点联系思考和推进建设。

至于从一般意义的制度建设来看，现代企业制度的健全完善，应当与其他制度的健全完善相互借鉴、相互促进而达完善。三中全会《决定》17条以及18条、34条、37条、51条等，重点都是阐述健全完善制度的，7条的理解应与它们相联系而加深思考。进一步拓展，健全、完善制度的工作，还应当与改革创新制度相联系；健全完善和创新建设制度的工作，还应当与体制、机制、体系等的建设相联系。

（二）健全完善制度法拓展应用举例

在党的十八届三中全会《决定》和2015年的《政府工作报告》等国家重要文件中，反复强调积极发展混合所有制经济；在2015年8月《中共中央、国务院关于深化国有企业改革的指导意见》中，则进一步在其8个部分中，用了一个专门的部分（第五部分）来部署"发展混合所有制经济"，由此可见这一工作的深远意义和重大功用。以健全完善混合所有制经济制度为例，来拓展阐释健全完善制度法的应用，其代表性鲜明。

三中全会《决定》在分论的第一部分"坚持和完善基本经济制度"的开头（由此足见位置的重要），就开宗明义指出："公有制为主体、多种所有制经济共同发展的基本经济制度，是中国特色社会主义制度的重要支柱，也是社会主义市场经济体制的根基。公有制经济和非公有制经济都是社会主义市场经济的重要组成部分，都是我国经济社会发展的重要基础。"接下来，三中全会《决定》对实现上述基本经济制度，指明了4条，即：完善产权保护制度，积极发展混合所有制经济，推动国有企业完善现代企业制度，支持非公有制经济健康发展——由此可见，其总体思路是，在全局深化改革的背景下和既有制度建设的基础上，进一步健全完善以产权制度为基础和核心，以混合所有制为主要实现形式的系统性制度建设。

其实，混合所有制经济是一个十分普遍的经济现象。所谓混合所有制经济，它一般是指，财产权分属于不同性质所有者的经济形式。这可以分作宏观和微观两个层面分别来看。从宏观层面来看，它是指一个国家或地区所有制结构的非单一性,即在所有制结构中,既有国有、集体等公有制经济,也有个体、私营、外资等非公有制经济,还包括拥有国有和集体成分的合资、合作经济等经济制度形式。从微观层面来看,它是指不同所有制性质的投资主体,共同出资组建的企业的经济制度形式。实际上,从一个国家或一个地区,乃至一个有一定规模的企业来看,混合所有制,是一个十分普遍的经济制度形式。

从意义、作用的角度来说,我国当前混合所有制经济的建设,将打破所有制偏见的束缚,彻底解放生产力,实现国企、民企做大做强,推进国民经济发展。这既是一个千载难逢的契机,又是一个深化改革的突破口,我们应该抓紧抓住抓好。而从方法的角度来说,我国现阶段混合所有制经济的建设,以及如三中全会《决定》指出的相关制度的建设,主要体现的是健全完善制度之法,因此,这里专门将这一方法予以提炼介绍。

我国改革开放已历经30多年,各种制度的建设,尤其是经济制度,基本都作出了积极的探索和建设,混合所有制经济,如前所说,从本质上看是一种普遍的经济形式,在我国客观上也已经非常普遍地存在。只是在目前创新改革发展的大背景下,需要进一步大发展,需要该制度的健全和完善。但据笔者最近调研情况来看,在这一工作的现实推进中,仍然疑虑不少,阻力不小。当前发展混合所有制经济,存在着诸多认识误区。

认识误区一:发展混合所有制经济的结果,不是"国退民进",就是"国进民退"。实质上,二者不是对立体,而是统一体。它们在国民经济体系中应各扬其长,增强活力,并实现协调均衡发展,共同推进全面深化改革,共同推进我国经济转型、升级发展。

认识误区二:混合所有制经济等于或属于股份制经济。股份制,可以是国有、集体、私有等单种所有制资本的股份化,也可以是多种或混合所有制资本的股份化。股份制侧重为一种经济运行方式。有规模的混合所有制企业,一般会选择股份制方式运行,但不能因此就将二者画等号。

认识误区三:混合所有制经济仅仅是混合了所有制资料的经济。混合所有制经济的完整含义应包含"二混一分",即:所有制混合,运行手段混合;生产资料所有权、经营权分开。这既是其完整含义的体现,也是其健康运行的保障。

认识误区四:混合所有制经济不好"混",因此不要"混"。混合所有制经济是基本经济制度的重要实现形式,是放大国有资本功能的重要途径,是各类所有制经济取长补短、竞相发展的重要舞台。它能实现市场经济发展需要的所有制形式的灵活分解和组合"混合"。我们应提高认识,排除干扰,积极推进。

积极发展混合所有制经济,在纠正如上认识误区和提高认识水平的基础上,目前尤其要加强宏观环境的建设和微观制度的健全完善。

其一,要全面深入贯彻落实中央部署精神。中央精神是魂,发展混合所有制经济,做大做强国企、民企是行动。必须实现中央精神与现实行动的统一。在国有和民营问题上,我们应跳出国有强国有,超越民营壮民营。比较2014年中国企业500强和中国民企500强的入围门槛水平及其比上年增加值水平,民企仅占39.90%和45.07%。由此可见,民企一则规模小;二则相对国企,增长乏力,而这与民企活力强的一般印象正好是相反的,需要警觉。下一步民企的发展,绝对不能仅仅就民企谈民企,必须大步迈上"混合"之路。

其二,全面推进法治建设,改革创新体制机制。混合所有制经济的发展,国企、民企的做大做强,需要规范的法治环境。要坚决依法行政,对扭曲行政体制建设本意的体制机制,要坚决破除,革故鼎新。

其三,全面夯实微观基础,健全现代企业制度。"产权清晰,权责明确,政企分开,管理科学",这是党的十四大以来,讲了20多年的现代企业制度的十六字特征。所有制混合中的所谓"国企国资流失;民企话语权、利益丧失",其根子都在制度保障出了问题。只有现代企业制度建立健全,才会给混合所有制经济的良性发展、国企民企的做大做强奠定坚实的基础。

其四,扎实推动重点领域改革,总结经验、探索前进,推进混合所有制经济形式的健全完善。积极发展混合所有制经济,改革、改组形式主要有4种:一是立足国企吸纳融合,二是立足民企引资融合,三是立足外资企业融合,四是立足企业员工持股。这4种形式,前两种是重点,一个立足"国企改革",一个立足"民企壮大",两种形式相得益彰。

四、本方法的历史镜鉴宝典

历史悠久,典籍丰富的中华文化,在制度建设方面同样有丰富的文献资源和无数完整详尽的成功范例,下面以历史上人才选拔制度为例,观察其健全与完善的过程及其对社会文明发展的影响。

人类社会中的任何群体、民族、国家,为了安全稳定地生存发展,都需要拥有能够担当重任的人才,而要合理准确地选拔人才,就需切实可行的选拔程序与制度。在中华民族历史上,人才选拔制度的建设、健全和完善发展,大体上经历了7个阶段:

1. 原始社会:公举禅让制,如传说中的尧、舜、禹(对禅让真相存在争议);
2. 夏商西周:世禄世卿制(亦称世袭分封制);
3. 春秋战国:养士军功制(分别从文、武两方面选拔人才);
4. 战国与秦:军功封爵制;
5. 两汉:察举征辟制;
6. 魏晋南北朝:九品中正制;
7. 隋唐宋元明清:科举抡才制。

以上所列从原始社会,经奴隶社会到封建社会的清末近5000年的历史中,为合理选拔人才,曾出现7种制度。其中公举禅让制,表面看最公平,但对其真相争议很多。夏商周基于血缘联系的世禄世卿制,对当时"家天下"政权的稳定起到一定作用,但只论血统不论才干,显然不公平。春秋战国以养士、军功选拔人才,比世袭分封制相对公平,但仍局限于士和参战者,更多人难以入选。秦代尚首功选拔人才,并采取愚民政策,距离公平更远。两汉的察举征辟手段多样,合理因素较多,但仍难以顾及庶人中的人才,而且后期出现种种弊端，以致形成"举秀才，不知书，举孝廉，父别居"的荒唐现象。魏晋六朝的九品中正制，本意在于补救两汉察举制度的弊病（由中央统一管理，防止地方徇情），但结果流弊更多，以至形成"上品无寒门，下品无世族"的世袭制度的翻版。直到隋唐，才形成各阶层都有机会参选的科举制度，从而给国家最广大群体提供了晋升管理阶层的机会和渠道。出身显贵的自不必说，出身下层的也可以"朝为田舍郎，暮登天子堂"。尽管科举制度日久也生弊端，但比起禅让制之后的世袭、军功、察举、九品中正等制度，公平合理的程度明显更高，故而封建科举虽于清末废除，但由其演变来的高考与公务员考试等制度，却以新的形式承袭了科举选拔人才的本质原则。即如高考制度而言，尽管存在应试教育的种种弊端和各类违纪事件，但与其他形式的人才选拔制度相比，仍是公平因素最多的方式。

　　从禅让、世袭、军功、察举、九品中正，直到科举制度的演变，其过程的每一次演进，都是对上一个制度的否定与重建，都是一次创新和健全、完善的过程。即使进入科举制度，在其长达1000多年的推行历程中，也仍然经历着不断调整的过程。如科举取士，在实行不久的唐代，就出现了名人推荐，干扰科考公平的现象，王维就是通过玉真公主的举荐，再加上自身才学而得中的进士。到宋代，实行了锁院（考官与外界隔绝）、糊名（把考卷上的姓名、籍贯密封）、誊录（将考卷誊抄后送考官评阅，以防认出笔迹）等做法，杜绝了权贵参与阅卷、录取过程中的徇私舞弊。如苏轼的试卷文章得到考官欧阳修、梅尧臣的高度赞赏，认为当评为第一，但又怀疑文章作者是自己的学生曾巩，担心录取榜首会遭人非议，就压为第二名。等录取后糊名解除，才知道文章作者是四川考生苏轼而非自己学生。

　　明代以后，一方面采用了"分地而取"（类似现代的把录取指标分到地方）以维持平衡，另一方面也对科场管理制度作了更为严密的修订设计，对受卷、弥封（糊名）、誊录、对读、巡绰监门、搜检怀挟等程序作了进一步细化完善。至清代，为防范日益频繁的科场舞弊，则采取了更为严厉的监管措施，制度则极尽繁琐严苛之能事，蒲松龄曾在其《聊斋志异·王子安》中，沉痛地描述考生在严厉防范监管之下的凄楚落魄状态：赤脚提篮入场，似丐；遭官、隶喝名时呵骂，似囚；进号房伸头露脚，似秋末冷蜂；考完出场，如出笼病鸟；等候发榜消息出时，行坐不安，像被拴的猴子；惶恐中听到榜上无名，顿时丧魂失魄，如同中毒的苍蝇，任凭如何调弄也毫无知觉了……

  尽管较为公平合理的科举选拔制度在细化改进之后，不免对考生造成人格肉体上的摧残，以致"三场辛苦磨成鬼，两字功名误煞人"，甚至导致吴敬梓笔下范进中举的疯癫病态，但不可否认的是，仍然较为公正地选拔出大批治国理政的杰出人才，促进了封建社会自隋唐以来经济文化的繁荣。其中为保证公平而对制度不断健全完善的种种措施，对现代制度（包括教育制度、高考制度等）的健全完善，仍具有十分丰富的借鉴启发意义。

第八法　深化体制改革法

本法提要

本方法的内含结构及介绍的主要内容是：其一，本方法的含义。以经济学规律"劣币驱逐良币"作引例入手，对方法的基本含义作出介绍，并进行了相关分析。其二，本方法的举例分析说明。以三中全会《决定》46条（五中全会《建议》）"深化医药卫生体制改革"，作为本法分析说明的重要举例。其三，本方法的拓展应用。以中国创建亚投行事件为拓展应用举例。其四，本方法的历史镜鉴宝典。特别选择中国共产党领导革命历史进程中统筹推进党政军民管理体制改革的重要决策和成功实践——"精兵简政"为历史镜鉴范例。以此，形成横跨医药卫生、经济、军事、政治，涉及古今中外，兼具局部、总体的体制深化变革方法的阐释。

一、本方法的含义

经济学上有一个"劣币驱逐良币"的规律，它说的是，当一个国家（或地区）同时流通两种实际价值不同而法定比价不变的货币时，实际价值高的货币（良币），必然要被熔化、收藏或输出，从而退出流通领域；而实际价值低的货币（劣币），反而流通旺盛，充斥市场。劣币驱逐良币，固然是经济规律使然，但具体到一个国家或地区的治理，那背后的成因就要在体制、制度上来寻找了。当一个体制经常导致劣币驱逐良币，经常异化为一种逆向的淘汰，譬如假冒伪劣产品充斥市场，譬如差干部比好干部更容易被提拔等等，那么，这种体制的深化改革就刻不容缓了。

所谓体制，《现代汉语词典》的解释是："国家、国家机关、企业、事业单位等的组织制度。"《辞海》的解释是："国家机关、企业或事业单位在机构设置、领导隶属关系和管理权限划分等方面体系、制度、方法、形式的总称。如政治体制、经济体制等。"

十八届三中全会决策全面深化改革的指向,体制改革是一重点。分析三中全会《决定》的内容,采取由各标题的核心构成词语来判定,则表述体制改革的,在16个部分中,占了5个部分(占31.3%,将近1/3);60条,占了10条(占16.7%)。它们是:13条"深化科技体制改革"、23条"完善城镇化健康发展体制机制"、31条"深化行政执法体制改革"、36条"加强反腐败体制机制创新和制度保障"、38条"完善文化管理体制"、43条"健全促进就业创业体制机制"、46条"深化医药卫生体制改革"、49条"创新有效预防和化解社会矛盾体制"、54条"改革生态环境保护管理体制"、55条"深化军队体制编制调整改革"。分析这10条可见,其中直接指明为改革、创新、深化改革体制的,占了70%;而指明为健全、完善体制的,占30%。由此也可看到,这次中央全会之所以界定为"全面深化改革"的原因。

这10条中,单独阐述体制的有7条,体制、机制并列阐述的2条,体制、机制、制度并列阐述的1条。

这10条在三中全会《决定》中的分布是:13、23条,属经济分论;31、36条,属政治分论;38条,属文化分论;43、46、49条,属社会分论;54条,属生态分论;55条,属国防和军队分论。从分论的角度看,这10条体制建设内容,涵盖了三中全会《决定》全面深化体制改革的全部范围(其中,社会分论最多,占3条,所以我们选其中的46条为本法介绍之主例)。由此可见,体制改革对十八届三中全会部署的全面深化改革的重要地位和作用。

就体制的建设方法来说,归纳三中全会《决定》和四中、五中全会的有关表述及现实操作内容、方式方法的不同,可以区分为两种,即深化改革法和健全完善法。

与前述关于制度建设的第六法、第七法类似,适宜健全完善法建设的体制,一般是已经有了较长时期和较丰富的实践积累,有了一定的基础,甚至已经掌握了基本规律,已经有了基本的建树,但现状仍然有很多弱点、缺陷,存在诸多不健全、不完善之处,所以用健全完善之法予以解决。另有一些现行体制,存在着较深层次的、甚至是有违本质规律和久远战略的矛盾,显然必须施以深化改革之法予以解决。

就目前世界的格局来看,经济、政治、科技、社会、文化、环境等众多因素迅速变迁,导致挑战世界治理的形势严峻,因此,世界范围的体制及制度、机制创新方兴未艾。中国的迅速发展,给世界展示了一种新的力量和希望,中国今天的诸多创新,最为亮丽,譬如,亚洲基础设施投资银行的创立。这不仅是一种体制的创新,同时涵盖制度、机制等创新,由此,甚至对我国《现代汉语词典》《辞海》等关于体制的定义,也带来了必须与时俱进的挑战。

二、本方法的举例分析说明

本方法以三中全会《决定》46条"深化医药卫生体制改革"为主例,并辅以31条"深化行政执法体制改革"和55条"深化军队体制编制调整改革",以及五中全会《建议》"深化医药卫生体制改革"等加以说明。

(一)46条在三中全会《决定》中的位置

46条包含于三中全会《决定》内容的社会分论之中,所谓社会分论,主要阐述"社会体制改革",其包括两个部分,即第十二部分"推进社会事业改革创新"和第十三部分"创新社会治理体制"。46条所在的第十二部分由5条构成:42条"深化教育领域综合改革"、43条"健全促进就业创业体制机制"、44条"形成合理有序的收入分配格局"、45条"建立更加公平可持续的社会保障制度"和46条"深化医药卫生体制改革"。

医药卫生体制改革,无论从国内还是国际考查,都是一大改革难题。我国在这一领域,虽然历经数年甚至上推数十年,可以上溯到新中国建立开始,再到改革开放以来,已经试验了全面计划手段和较大幅度的市场手段,但都不仅远未能解决问题,还带来了一些新的矛盾。近年连出拳脚,推进改革,但仍难题多多。所以三中全会《决定》将其列入深化改革之列。

(二)46条的内容结构

46条在三中全会《决定》文本中,表现为3个自然段。学习领会三中全会《决定》46条关于"深化医药卫生体制改革"的部署内容,这里归纳为4个方面,以其为代表来展示深化体制改革之法:其一,统筹推进综合改革;其二,系统性推进体制改革和制度、机制、体系、政策等配套建设;其三,综合调动社会资源;其四,坚持国策,调整政策。(参见图8-1、图8-2)

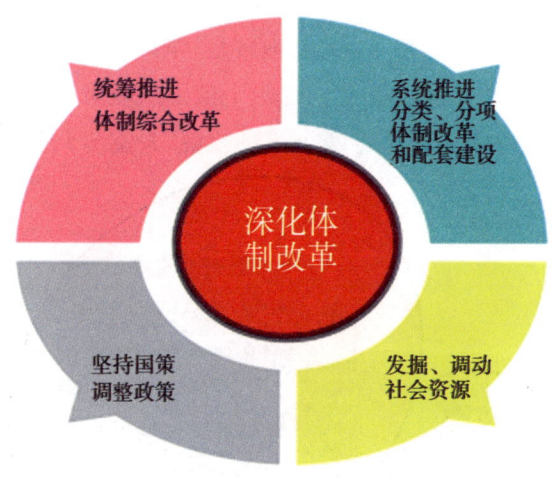

图8-1 深化体制改革法举例示意图

其一,统筹推进综合改革。其主要包括:统筹推进医疗保障、医疗服务、公共卫生、药品供应、监管体制综合改革。

其二,系统性推进体制改革和制度、机制、体系、政策等配套建设。这一块的内容极其丰富,也反映了将要进行的改革的艰难。将其分解为9点来认识:(1)深化基层医疗卫生机构综合改革,健全网络化城乡基层医疗卫生服务运行机制。(2)加快公立医院改革,落实政府责任,建立科学的医疗绩效评价机制和适应行业特点的人才培养、人事薪酬制度。(3)完善合理分级诊疗模式,建立社区医生和居民契约服务关系。(4)充分利用信息化手段,促进优质医疗资源纵向流动。(5)加强区域公共卫生服务资源整合。(6)取消以药补医,理顺医药价格,建立科学补偿机制。(7)改革医保支付方式,健全全民医保体系。(8)加快健全重特大疾病医疗保险和救助制度。(9)完善中医药事业发展政策和机制。

其三,综合调动社会资源。这里分解为3点来认识:(1)鼓励社会办医,优先支持举办非营利性医疗机构。(2)社会资金可直接投向资源稀缺及满足多元需求服务领域,多种形式参与公立医院改制重组。(3)允许医师多点执业,允许民办医疗机构纳入医保定点范围。

其四,坚持国策,调整政策。主要内容是:坚持计划生育的基本国策,启动实施一方是独生子女的夫妇可生育两个孩子的政策(五中全会进一步调整为"全面实施一对夫妇可生育两个孩子政策"),逐步调整完善生育政策,

图8-2 深化体制改革法举例示意图 II
(深化医药卫生体制改革示意图)

促进人口长期均衡发展。

三、本方法的拓展应用

（一）深化体制改革法举例的联系思考

由于某一具体的体制改革总带有其特定行业的特征、历史背景、现实约束等个性特征，因此，深化体制改革的实践，工作量大面广，而且千差万别，为使方法有较好的借鉴价值和推广意义，本方法在举出主例的同时，配举三中全会《决定》31条"深化行政执法体制改革"和55条"深化军队体制编制调整改革"2个辅例，从而以3个行业特点、背景状况、现实条件各不相同的例子，供读者从事本次全会精神关于顶层设计的理解及深化体制改革参考。读者还可联系三中全会《决定》13条"深化科技体制改革"、49条"创新有效预防和化解社会矛盾体制"、54条"改革生态环境保护管理体制"以及42条"深化教育领域综合改革"等条目，进一步作出比对（参照"比对深化法"），从而在进一步拓展的改革范畴上和更深入的改革层次上，获得对深化体制改革之法的精进掌握和运用。

（二）深化体制改革法拓展应用举例

面对中国当前深化体制改革的历史使命和宏大命题，有必要对深化体制改革法作出进一步丰富和拓展、深化。

2015年5月5日，中共中央、国务院制定了《关于构建开放型经济新体制的若干意见》，其内容共分11章50条，从构建开放型经济新体制的总体要求，创新外商投资管理体制，建立促进走出去战略的新体制，构建外贸可持续发展新机制，优化对外开放区域布局，加快实施"一带一路"战略，拓展国际经济合作新空间，构建开放安全的金融体系，建设稳定、公平、透明、可预期的营商环境，加强支持保障机制建设，建立健全开放型经济安全保障体系等方面，全面提出了新时期构建开放型经济新体制的目标任务和重大举措。

2015年10月12日，中共中央政治局就全球治理格局和全球治理体制进行第27次集体学习，习近平总书记在主持学习时强调，国际社会普遍认为，全球治理体制变革正处在历史转折点上,我们要审时度势,努力抓住机遇,妥善应对挑战,统筹国内国际两个大局,推动全球治理体制向着更加公正合理方向发展,为我国发展和世界和平创造更加有利的条件。五中全会《建议》进一步指出:"积极参与全球经济治理。推动国际经济治理体系改革完善,积极引导全球经济议程,促进国际经济秩序朝着平等公正、合作共赢的方向发展。加强宏观经济政策国际协调,促进全球经济平衡、金融安全、经济稳定增长。积极参与网络、深海、极地、空天等新领域国际规则制定。"

在党中央领导下,我国进行了积极的创新性实践,一个非常典型的事例便是亚投行的创建。亚投行的创建,既是我国"亲、诚、惠、容"外交理念的一项成功实践,同时也是国内深化体制改革的一项国际性拓展。

亚洲基础设施投资银行,简称亚投行(AIIB)是一个政府间性质的亚洲区域多边开发机构,重点支持基础设施建设,总部设在北京,法定资本1000亿美元。

亚投行创建的最基本背景是,亚洲地区缺少基础设施投资资金。其实,亚洲地区并不缺乏资金,缺少的只是充分利用本地区充裕储蓄的融资机制。而这一机制必须有一个平台来实施、运作,这就需要改革现有世界金融架构的格局,创新性建设一个新的机构、新的平台,进行这一机制的运作——亚投行,这一变革现行体制,创新建设的新体制和新机构应运而生。

亚投行设计,是一个创新的体制系统,其作为由中国倡导成立的区域多边开发机构,总部设在北京,根据需要下设若干分部。其采用股份制银行治理模式,治理结构包括三层:由理事会、董事会和银行总部管理层组成。其中,所有成员国代表组成的理事会是最高权力和决策机构;董事会由理事会选举总裁主持,负责日常事务管理决策;银行总部下设各主要职能部门,含综合业务部、风险管理部等,分别负责亚投行日常业务开展。

亚投行将按照多边开发银行模式和原则运营,旨在为亚洲地区基础设施建设提供融资支持,推动区域互联互通,促进区域经济发展,重点支持亚洲地区基础设施的建设。亚投行业务定位为准商业性。初期的亚投行将主要向主权国家基础设施项目提供主权贷款。

根据亚洲开发银行（ADB，下称"亚行"）的测算，2020年前亚洲地区每年基础设施投资需求将达到7300多亿美元，而现有的世界银行、亚行等国际多边机构都没有办法满足这个需求。由于基础设施投资资金需求量很大、实施周期很长、收入流又不确定等因素，私人部门大量投资于这类基础设施项目有难度。另一方面，中国已成为世界第三大对外投资国。而且，经过30多年发展和积累，中国在基础设施装备制造方面已形成完整的产业链，同时在公路、桥梁、隧道、铁路等工程的建造能力上，在世界也已经是首屈一指。中国基础设施建设的相关产业，期望更快地走向国际。但亚洲各经济体之间，难以利用各自所具备的高额资本存量的优势，因为缺乏有效的多边合作机制，缺乏把资本转化为基础设施建设投资的体制、平台和机制。亚投行的创建，正是瞄准了和立足于解决这些问题。

亚投行不仅有利于亚洲地区基础设施建设和助力经济发展，更加体现出一种大局思维，让新兴市场国家不再受制，也把中国在世界经济舞台的地位再次提升一个档次，带动中国产业升级，推动中国金融服务业改革发展和国际化接轨，从而迈上一个新的起点。

亚投行虽名为"亚投行"，其创始成员却遍及亚洲、欧洲、非洲、南美洲和大洋洲，中国这一倡议获得了全球认可，掀起了一股"亚投行热"。亚投行虽然办公楼还未建成，但首期目标已经明确，那就是投入"丝绸之路经济带"建设。2015年10月16日，由中国铁路总公司牵头组成的中国企业联合体在雅加达与印度尼西亚维卡公司牵头的印尼国企联合体签署了组建中印尼合资公司协议，该合资公司将负责印度尼西亚雅加达至万隆高速铁路项目的建设和运营。该项目的运营，毫无疑问，是中国高铁"走出去"战略的历史性突破，是"一带一路"战略的一项突破性实践，也可以是亚投行的一个支持点、成功点；另一方面，还应该看到，这既是一项牵动意义重大的国际合作，同时更是推进国内体制改革的创举。

纵观亚投行诞生过程，虽然其间充满诸如"亚洲已经有了亚洲发展银行（ADB），为什么中国还要给亚洲建立一个'新世界银行'""如何管理这家新银行""可能引发外交争端"等杂音，但今日的实践，亚投行倡议的成功实现，已成为标志性事件，当今的结果已经显示出各方对于中国合作共赢理念的认同，这也自然成为中国推进深化体制改革在世界范畴的一次成功实践。

今天，稳居世界第二大经济体的中国，正在逐渐适应自己新的角色——世界经济版图的变革者、全球经济治理的参与者、国际经济秩序的建设者。着力打造更有活力的开放的经济体系，中国积极推动和参与世界经济治理机制变革，构建合作共赢的"命运共同体"。2015年10月，习近平访问英国，在中英工商峰会上强调，"一带一路"不是"私家小路"。正是这条"大家携手前进的阳光大道"，涵盖了60多个国家和地区的44亿人口，经济总量约占全球的30%，成为中国构建"公平、开放、全面、创新"发展之路，也是创新全球治理理念的最好表达。

四、本方法的历史镜鉴宝典

纵览古今中外历史，推进深化体制改革可资借鉴的实例繁多。笔者这里特别推荐当前尤其要重视研究发掘和发扬光大的一片历史宝藏，那就是中国革命政权建设历程上的众多珍贵实践。此处选择延安新政权建设的最困难时期推出的，事后实践证明又是十分成功的，被毛泽东称为"一个极其重要的政策"的"精兵简政"，作为革命历史传统的经典范例，以本书18个方法中的篇幅最长的"历史镜鉴宝典"，予以阐释。

所谓"精兵简政"，其词语本义是指"精简人员、缩减机构"，在语法环境中也可延伸使用，以比喻"精简不必要的东西"。

"精兵简政"政策推出的背景和目的是这样的：1936年10月，红军完成长征战略转移，胜利到达陕甘宁根据地；同年12月，西安事变迫使蒋介石改变"攘外必先安内"的既定国策，停止内战，一致抗日。于是，中国共产党领导的抗日运动获得一个空前的大好发展时期，以陕甘宁边区为代表的众多抗日根据地，在全国获得迅速发展。这时的延安，也成为立志抗日救亡热血青年向往的圣地，成千上万的青年知识分子从全国各地和海外奔赴延安，自1937年始，短短两三年时间竟达4万余人之多。事业发展，人员增多，机构也随之膨胀。而此时的陕甘宁边区，下辖仅23个县，人口仅约150万。

到了1938年8月武汉会战，日军伤亡减员十余万人，失去了战略进攻能力，由此，抗日战争进入相持阶段。1940年百团大战，日本政府认识到中国共产党领导的抗日武装的强大力量，从而改变其侵华部署，逐步以主要兵力用于扫荡、封锁敌后抗日根据地。而国民党在民族危机的严重关头，又制造了"同室操戈，相煎何急"（周恩来语）的皖南事变，不断掀起反共高潮，加紧封锁与破坏抗日根据地。因此，从1941年起，我敌后根据地进入最困难时期。根据地日渐缩小，物质极端缺乏，陕甘宁边区等抗日根据地到了几乎没有衣穿，没有油吃，没有纸，没有菜，战士没有鞋袜，工作人员冬天没有被盖的情况。如，1955年、1988年先后被授予中将和上将军衔、时任太行军区一分区司令员兼中共太行地委书记的秦基伟，当时每天只有半斤小米，要掺上野菜分做两顿吃。冬天挖不到野菜，就把玉米芯碾碎充饥，吃得肚子发胀、大便不通。而此时的党、政、军、民管理体制机构庞大，更加深了适应农村游击战争环境的难度。

毛泽东为首的党中央，一方面决定提高生产力，发展经济、扩大生产，以保障供给；另一方面也在做着其他方面的思考。1941年5月，毛泽东主持起草并多次修改的《陕甘宁边区施政纲领》提出政权建设的"三三制"原则。这一原则规定，由普选产生的抗日民主政权的民意机关和行政机关，其人员构成是：共产党员占三分之一，非中共的左派进步人士占三分之一，中间派人士占三分之一。1941年11月，党外人士李鼎铭等提出"精兵简政"的建议，这实质是从生产关系、上层建筑方面来寻求变革。此建议即刻得到毛泽东的肯定，并立即付诸实施，把"精兵简政"确定为1942年全党全军的中心工作之一。1942年9月7日，毛泽东亲自撰稿，以延安《解放日报》社论的形式公开发表，阐明中共中央实行精兵简政政策；12月，毛泽东在《抗日时期的经济问题与财政问题》的报告中进一步指出，"精兵简政"必须达到精简、统

一、效能、节约和反对官僚主义5项目的。

　　毛泽东在《解放日报》社论《一个极其重要的政策》中，极为透彻地阐明了实行精兵简政的原因。文中引用柳宗元《黔之驴》的寓言故事，形象而幽默地阐释了精兵简政的意义："柳宗元曾经描写的'黔驴之技'也是一个很好的教训。一个庞然大物的驴子跑进贵州去了，贵州的小老虎见了很有些害怕。但到后来，大驴子还是被小老虎吃掉了。我们八路军新四军是孙行者和小老虎，是很有办法对付这个日本妖精或日本驴子的。目前我们须得变一变，把我们的身体变得小些，但是变得更加扎实些，我们就会变成无敌的了。"同时又借用《西游记》中孙悟空向铁扇公主借芭蕉扇的故事，进一步说明"精兵简政"是一种高明的对敌斗争方略："何以对付敌人的庞大机构呢？那就有孙行者对付铁扇公主为例。铁扇公主虽然是一个厉害的妖精，孙行者却化为一个小虫钻进铁扇公主的心脏里去把她战败了。"

　　在中共中央领导下，陕甘宁边区首先实行精兵简政，并先后进行3次精简，取得很大成效。随后，各根据地普遍推开。"精兵简政"的主要内容是：其一，将党、政、军、民等组织机构的脱产人员缩减到占所在根据地总人口的3%以内，军队（含游击队）与党、政、民工作人员的比例为3∶1，从而使脱产人员与根据地的供养能力相适应，从根本上解决"鱼大水小"的矛盾；其二，压缩与合并党、政、军、民领导机构，减少机关行政人员和部队的非战斗人员，充实基层和连队，将编余干部送到学校和训练班储备与学习；其三，建立党的一元化领导体制，规定由中共中央代表机关及各级党的委员会统一领导所在地区的党、政、军、民工作，适应当时新政权面临的抗战环境，既精简了机构、人员，提高了效能，同时消除了党、政、军各自为政现象。

　　"精兵简政"，实质是一场涉及党政军民体制的深刻变革，此变革的普遍推行，对减少消费，增加生产，减轻人民负担，克服物质困难，提高人员素质和工作效率，起到了极为积极的作用。以军队的精兵简政为例，其工作从1941年12月陆续开始，至1943年底基本结束。实行这一政策后，部队的数量虽然有所减少，但战斗力提高，并使主力军、地方军和民兵自卫队三结合的武装力量体制得到加强,从而更加适合当时抗日和敌后游击战争的环境。

这次"精兵简政"的特色明朗,对我国当前推进全面深化改革,借鉴意义鲜明。一是政策设计科学、合理,从战争的需要出发,实事求是地谋生存、求发展;二是坚持中国共产党信念,从人民的根本利益出发,坚决反对官僚主义和贪污腐败;三是胸襟开阔,坦诚为民,接受意见、建议,从谏如流,行动迅速;四是统筹谋划党政军民管理体制变革,并立足眼前、兼顾长远,尽管环境极为艰苦,仍为后来的解放战争和新中国的建设作了体制探索和人才储备;五是果断决策,坚韧推进。毛泽东坚定地要求:"这一次精兵简政,必须是严格的、彻底的、普遍的,而不是敷衍的、不痛不痒的、局部的。"表达和实践了一往无前的决心。

在毛泽东看来,精兵简政绝不是权宜之计。解放战争时期,指挥几百万军队大决战,中央军委的指挥机关也只有3个科,挤在3间小房子里办公。曾被共产党打败的国民党高级将领解放后到西柏坡参观,看到这难以置信的情景,不由得发出由衷的赞叹!

新中国成立后,精兵简政仍是党、国家和军队的一项重要政策,毛泽东曾一再要求以精简机构和人员来减少官僚主义,提高工作效率。仍以军队改革为例,全国解放以来,国家已历经数次缩编裁军,如1984年11月1日,在国庆35周年阅兵一个月后,邓小平表达了一个惊人的决心:大裁军。1985年6月4日,我国正式宣布裁军100万人,约占当时中国军队人数的四分之一,11个大军区减为7个,三总部机关的人员编制精简了近一半。此次裁军不仅是减员,更是对军队体制的一次深刻改革,尤其是陆军,军一级部队走向了合成集团军,特种兵兵员数量历史上第一次超过了步兵。通过精简整编,改革体制,人民解放军朝着机构精干、指挥灵便、反应快速、战斗力强的目标迈出了坚实的一步,战斗力得到大幅度提升,现代化建设步伐不断加快。

"历史的经验值得注意",革命历史经验,更是无数革命前辈、革命先烈用鲜血和生命换来的，弥足珍贵，更要继承与弘扬。2015年9月3日举行的纪念中国人民抗日战争暨世界反法西斯战争胜利70周年大会上，习近平在检阅受阅部队后的讲话中庄严宣布：中国将裁减军队员额30万。党和国家的这个重大政治决定和政治宣示，既是新一届党中央对毛泽东等老一辈无产阶级革命家治国治军思想理念的继承与弘扬，也是对"精兵简政"重要变革在新时期的传承与发展。老一辈无产阶级革命家当年决策和成功推行的"精兵简政"改革实践，对当今深化体制改革，乃至全面深化改革，均提供了足资学习发扬的光辉典范。

第九法　健全完善体制法

> **本法提要**

本方法的内含结构及介绍的主要内容是：其一，本方法的含义。介绍了方法的基本含义，进行了体制建设的分析，并以一则小故事作了深层含义的揭示。其二，本方法的举例分析说明。以三中全会《决定》38条"完善文化管理体制"作为本法分析说明的重要举例。其三，本方法的拓展应用。以中央全面深化改革领导小组审定批准我国足球改革方案为拓展应用举例。其四，本方法的历史镜鉴宝典。以我5000年文明古国内含的教育思想演进及其外化的教育体制进化，为历史镜鉴宝典举例。从而，古、今联系，体育、教育乃至文化的体制健全完善相互照应，形成本法的阐释。关于体制的创新和健全完善，与前述制度的创新和健全完善一样，通过古与今，全国总体与行业、局部等的密切联系、对应阐述，达成本方法的系统、完整阐释效果。

一、本方法的含义

体制是指，国家、国家机关、企业、事业单位等的组织制度（《现代汉语词典》）。由对体制内含的权威界定，就可看到对其施以健全完善，乃至创新的复杂性、艰难性。

关于体制的建设，根据实施改革的程度及相应建设的任务，可将制度、体制等的建设之法分做改革创新（或深化改革）一类和健全完善一类。三中全会《决定》全部内容的60条，每条标题标明是部署体制建设的，总计有10

条,而其中侧重改革、创新、深化改革体制的占7条,侧重健全、完善体制的为3条。这3条是:23条"完善城镇化健康发展体制机制"、38条"完善文化管理体制"、43条"健全促进就业创业体制机制"。其中有2条,是将体制与机制的建设并列阐述的。

以健全完善法建设的体制,一般应是有了较长时期和较丰富的实践积累,有了一定的建设基础,甚至已经掌握了基本规律,已经有了基本的建树,但现状仍然不完善、不健全者。通过此法的实施,使体制趋向健全,臻于完善。

体制、制度的创新很难,体制、制度的健全完善,仍然不易。现实当中,常有这样的认识,认为开头的时候,或者处在高层,可以创新;执行阶段,或者身处基层,哪里还谈得上什么创造、创新。只有执行的份儿,只是比葫芦画瓢而已。其实,处处皆文章,只盼有心人。有这样一个小故事,应该很能说明问题。

故事说的是一个孩子完成拼图的事。有一个记者,这一天在家赶写一份急稿,但他4岁的儿子吵着要他陪玩。记者无奈,只好想了一个办法,意欲消磨孩子的时光,为自己争取点时间。他找了一本杂志,将其封底撕碎,然后对儿子说:"你将这上面的世界地图拼完整了,我就带你玩。"孩子领命而去。

但是,过了不到5分钟,孩子就回来了:"爸爸,我拼好了,你陪我玩!"记者很生气,说:"小孩子要玩是可以理解的,但如果说谎话就不好了。"因为拼图的难度,对4岁的孩子来说,那是不可能完成的。但孩子很委屈地说:"可是,我真的拼好了呀!"记者过去一看,果然是真!不会吧?难道家里出了神童?他一下兴奋起来,非常好奇地问:"你是怎么拼出来的?"孩子说:"世界地图的背面是个人头像。我反过来拼,只要这个人拼好了,世界就完整了。"

原来,天才的产生也并非高不可攀,只要你及时地发现了规律,并且正确地运用了它。将这一规律的揭示,用在咱们讨论的体制、制度的建设上,显然能够带来深刻的启迪。

二、本方法的举例分析说明

本方法选择三中全会《决定》38条"完善文化管理体制"为主例,加以说明。

(一)38条在三中全会《决定》中的位置

38条处于三中全会《决定》第十一部分"推进文化体制机制创新"的第一条。第十一部分,是三中全会《决定》中文化分论包含的唯一的一个部分。该部分由4条构成,38条以居于4条中的第一条的位置和"完善文化管理体制"的内容,通过首先健全完善体制,为后续的39条"建立健全现代文化市场体系"、40条"构建现代公共文化服务体系"和41条"提高文化开放水平",而提供了建立、建设、提高的基础和前提。

(二)38条的内容结构

38条在三中全会《决定》文本中,由两个自然段构成,这里分解、归纳为3个方面加以理解和图示:其一,首先明确原则及遵照原则要推动的转变和理顺的关系;其二,明确要建立的管理机构和实行的统一管理;其三,完善文化管理体制的系统性举措。(参见图9-1)

具体理解如上框架,其一,首先明确原则及遵照原则要推动的转变和理顺的关系。这其中包含的主要内容是:按照政企分开、政事分开原则,推

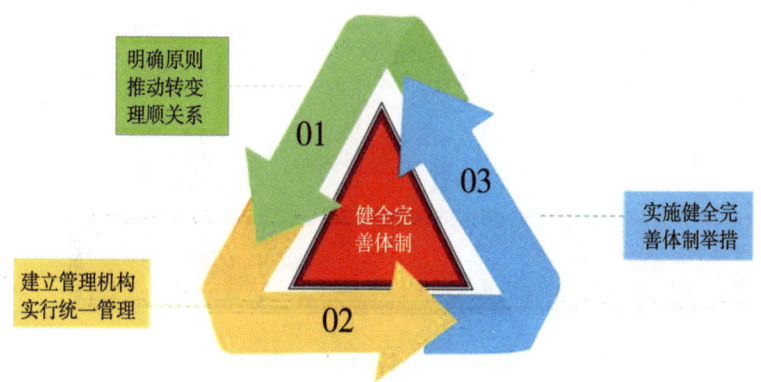

9-1 健全完善体制法举例示意图

动政府部门由办文化向管文化转变,推动党政部门与其所属的文化企事业单位进一步理顺关系。

其二,明确要建立的管理机构和实行的统一管理。这里包含的主要内容是:建立管理机构,实行统一管理,建立党委和政府监管国有文化资产的管理机构,实行管人管事管资产管导向相统一。

其三,完善文化管理体制的系统性举措。关于改革发展推进的举措,内容都十分丰富,这一条也是如此。这里分解为5条来认识:(1)健全体制机制。健全坚持正确舆论导向的体制机制。(2)健全管理和工作机制,形成良好工作格局。健全基础管理、内容管理、行业管理以及网络违法犯罪防范和打击等工作联动机制,健全网络突发事件处置机制,形成正面引导和依法管理相结合的网络舆论工作格局。(3)整合资源,推动发展。整合新闻媒体资源,推动传统媒体和新兴媒体融合发展。(4)推动新闻发布制度化。(5)严格制度,重视运用和管理,规范秩序。严格新闻工作者职业资格制度,重视新型媒介运用和管理,规范传播秩序。(参见图9-2)

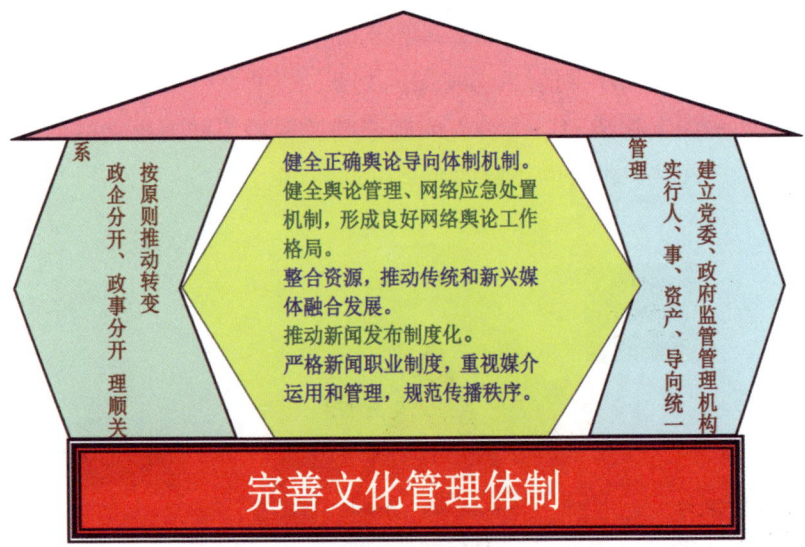

图9-2 健全完善体制法举例示意图Ⅱ
(完善文化管理体制示意图)

由如上分析和归纳三中全会《决定》38条内容可见,作为健全完善某项体制、制度的工作,其方法常常是,在总结既往工作经验,充分吸取有关理论和实践建设成果的基础上,理清规律,明确原则,认清任务,建立规章,推进资源整合、调度、运行,调整体制、机制、制度,采用一套推进建设的系统性举措,使体制或制度、机制等获得完善、健全。

三、本方法的拓展应用

(一)健全完善体制法举例的联系思考

三中全会《决定》第十一部分"推进文化体制机制创新"中,置于38条前的小序中指出:"坚持以人民为中心的工作导向,坚持把社会效益放在首位、社会效益和经济效益相统一,以激发全民族文化创造活力为中心环节,进一步深化文化体制改革。"由此数语可见,推进体制、机制乃至制度创新的根本指导思想、价值导向;再与38条内容联系思考,又可见深化体制改革与促进体制完善之间的密切联系。

现实操作体制的深化改革和健全完善,要做好比较研究和准确把握,二者有区别,同时有密切联系。阶段性的猛药治疴,接下来要有后续的温补调养;温补调理不能解决的或者日聚月累起来的本质性病疴,还要再施以猛药攻毒。

由38条去把握健全完善体制之法,还应与其他条(如23条"完善城镇化健康发展体制机制"、43条"健全促进就业创业体制机制"以及36条"加强反腐败体制机制创新和制度保障")阐述关于其他行业、专业体制完善健全以及机制、制度完善健全等相联系,拓展理解、深化思考,从而精准掌握该方法,并有效地用于完善体制建设之实践。

(二)健全完善体制法拓展应用举例

我国足球体制改革,内含的健全完善体制的建设,为健全完善体制法的拓展应用,提供了一个内涵丰富的实例。

2015年2月27日,中央全面深化改革领导小组第十次会议审议通过了《中国足球改革总体方案》(以下简称《方案》),该《方案》以本次深改领导小组审议通过的4个文件的第一份文件的位置，以11个部分、50条内容，显示了它的重要分量和价值。

足球，长期以来一直是我国体育竞技项目中的一个令国人一再地丧气、一再地失望的短板。发展足球，彻底改变足球面貌，是我们的共同心愿。然而，如何改变，一直以来，却是见人见智。本次中央深改领导小组通过的《方案》，是在改革的大前提、大背景下，以健全完善体制为重心的发展方案。在当今改革的大时代背景下，可以作为实施健全完善体制法，推进健全完善体制的范例，作出深入研究。

我国足球发展，经历了曲折漫长的岁月，他国或其他地区的经验，可以提供我们借鉴，但不可能照抄照搬。事实上，我们已经照搬过外国的经验、人员，包括运营模式，包括战术、战法，包括洋教练，但即使一时有效，终不长远，效果也极为有限。冲出亚洲是梦，跻身世界前列的愿望更为缥缈。所以，中国足球发展，必须改革，而改革必须立足长远、长效，不能急功近利，不能草率肤浅，因此要在体制上改革进取。体制的改革，又必须看到以往多年的探索经验、教训，立足前人建设的基础上，扎实推进，而不是彻底否定前人。因此，《方案》的11个部分（及其内含的50条）条目是：

一、总体要求（包括：指导思想、基本原则、主要目标——近期、中期、远期目标，实行"三步走"战略）。二、调整改革中国足球协会（包括：明确定位和职能、调整组建中国足球协会、优化领导机构、健全内部管理机制、健全协会管理体系、加强党的领导）。三、改革完善职业足球俱乐部建设和运营模式（包括：促进俱乐部健康稳定发展、优化俱乐部股权结构、推动俱乐部形成合理的人才结构）。四、改进完善足球竞赛体系和职业联赛体制（包括：加强竞赛体系设计、调整组建职业联赛理事会、完善竞赛奖励制度、维护竞赛秩序、加强行业管理、促进国际赛事交流）。五、改革推进校园足球发展（包括：发挥足球育人功能、推进校园足球普及、促进文化学习与足球技能共同发展、促进青少年足球人才规模化成长、扩充师资队伍）。六、普及发展社会足球（包括：推动足球运动普及、推动社会足球与职业足球互促共进）。七、改进足球专业人才培养发展方式（包括：拓展足球运动员成长渠道和空间、加强足球专业人才培训、加强足球管理人才培训、设立足球专业学院和学校、做好足球运动员转岗就业工作）。八、推进国家足球队改革发展（包括：精心打造国家队、完善队员选拔机制、提高服务保障能力、加强教练团队建设、统筹国家队与俱乐部需求）。九、加强足球场地建设管理（包括：扩大足球场地数量、对足球场地建设予以政策扶持、提高场地设施运营能力和综合效益）。十、完善投入机制（包括：加大财政投入、成立中国足球发展基金会、加大彩票公益金支持足球发展的力度、加强足球产业开发、加大中国足球协会市场开发力度、建立足球赛事电视转播权市场竞争机制、鼓励社会力量发展足球）。十一、加强对足球工作的领导（包括：建立足球改革发展部际联席会议制度、把足球工作纳入重要工作日程、加强足球行业作风和法治建设、营造良好舆论环境、发挥典型带动作用）。

由上述条目名称及包含内容可见，足球发展方案的主导思路是在改革的大背景、大前提下，重在体制的健全完善（如足球协会、职业足球俱乐部、足球竞赛体系和职业联赛体制及校园足球、社会足球、国家足球队等的调整、改革、改进、完善等）。对11个部分的标题名称作出分析，会得到进一步清晰的认识。11个部分的标题，除第一部分"总体要求"外，其余10个部分，包含"改革"一词的，有4个，而且这4个词，全部是同"调整""完善""推进发展"合并使用的（说明这里的改革不是孤立的，既是前提、导向，同时又渗透各方面、各层次）；而用了"完善"（3个）、"改进"（2个）、"调整"（1个）、"加强"（2个）和"推进……发展"（2个）、"普及发展"（1个）词语的，计有11个。其中，"改革"一词，全部是与这些表达健全完善之类的词语并用的（因"改进""完善"并用的有一处，故分解统计后，加总就有了11个）。

如上不厌其详、不厌其烦地分析、阐述，目的不仅在说明足球的发展《方案》内涵重在健全完善体制，重在发掘其内涵的健全完善体制之法，更想体现的是我国目前改革的复杂、艰难。其矛盾纵横交错、问题层见叠出，因此，谋求成功，必须多法合用，多法并用，就像《方案》中所体现的，"改革""调整""改进""完善""加强""推进……发展"等巧妙并列，甚至叠加使用一样。这显然是当今中国推进全面深化改革的一个显著性特点，也构成对方法使用者能力、水平的显著性挑战。

四、本方法的历史镜鉴宝典

历史上重大体制的形成和变革,都有深刻的现实因素和历史根源。当今推进全面深化改革,追求体制变革和健全完善的进程中,尤其要进行深入全面的历史考量。中华传统教育内在思想的演进和外在体制的进化,无疑是当今借鉴的重要方面。

人类文明从原始社会发展到现代高科技文明社会,教育思想、教育体制也随之发生了全面深刻的巨大变化。

原始社会行为的目的都是服务于生活生产,尚无明确的教育意识。奴隶社会的夏代,教育目的是培养能射善战的武士。西周的教育目的是培养具有贵族政治道德和军事技能的未来统治者。春秋时期,孔子的培养目标是德才兼备的从政之士,战国时期的孟子则要求培养出"明人伦"的君子。汉代至元明清,从董仲舒到韩愈、王安石、宋濂、王守仁、颜元等,尽管学术思想各异,但都认为教育的目的是培养各级官员和各种治术人才。清末洋务运动期间,张之洞、严复、梁启超等提倡:培养具备"中学为体、西学为用"素质的人才。1903年,王国维在《论教育之宗旨》中提出:教育的宗旨是通过体育培养和心育培养,造就具有身体能力和精神能力的"完人"。心育又分为智育、德育、美育三个方面。1906年,清王朝拟定了"忠君、尊礼、尚公、尚武、尚实"的五项教育宗旨。1912年临时政府教育部公布了蔡元培制定的"军国民教育、实利主义、公民道德、世界观、美感""五育并重"的教育方针。1929年,南京国民政府公布了"三民主义"的教育宗旨。

上述新中国成立以前的提法中,王国维的"二能力(身体、精神能力)四育(体、智、德、美教育)说",是教育史上首次提出的德智体美并重的观点,对中国教育理论的发展和教育体制的建设,都有重大影响。

教育体制的变迁则随着教育思想、教育理论发展而演进。据《孟子·滕文公上》"夏曰校,殷商曰序,周曰庠"。夏朝就有了学校;商朝的学校则有甲骨文和古书记载为据;西周的学校分为"国学""乡学"两级,但学校系官管官办,所教限于贵族子弟,即所谓"学在官府"。至春秋时期产生了"私学","学在官府"的教育体制逐渐被打破,其间儒家学派的创始人孔子的影响最大。此后各种私学纷纷兴起,如西汉的今、古文经学诸家,唐末兴起的书院,历代的乡校、村塾、家塾等,使得私学遍布中国城乡的各个角落,以其管理体制上独具的特色,与官学并行,并和不断出现的私办官助、半官半私学校一起,从不同角度健全了官学体制。

职业教育早期局限在行业圈内,而无社会体系。春秋战国时期,很多私学形成传授专业技能的职业学校。如墨子传授木工、器械制造;许行传授农业知识与技能;木工"祖师"鲁班也广收门徒传授技术。汉代以后,家业父传的职业教育通过官府得以推广,并出现了设官教民的职业教育。东汉灵帝时期的鸿都门学即专门传授尺牍及字画知识技能。唐朝从中央到地方建立了门类齐全、学制完善的职业教育体系。无论官办、民办,无论中央设置、地方设置,都有相当规模。宋代的专门学校增设了武学和画学,招生人数大大超过前代,并有专门的教材和严格的考核制度。元明清时期,在传统私学中出现了大量职业教育教材。如《农书》《知本提纲》《江南催耕课稻篇》《烟草谱》《养耕集》《盘珠算法》等。古代的职业教育不仅为科学技术和人类社会文明作出了巨大贡献,还以其卓有成效的运作机制,促进了传统教育体制的不断完善。

中国早期的终身教育常和终身学习的观念与实践联系在一起。孔子主张"有教无类",自然包括不同年龄的人。东汉经学大师郑玄40多岁才学成返乡;北齐的颜之推在其《颜氏家训·勉学篇》中勉励人们终身学习;宋代欧阳修主张人要"学之终身"。虽然科举制度导致不少士人形成"皓首穷经"的终身学习,和现代侧重于提升国民整体素质的终身教育理念相比,实乃大相径庭,只能算是终身教育理念的异化。但孔门弟子从政之后仍恭承孔子教诲,乃至《列子》所述的薛谭学琴终身不离开其师等实例所体现的终身教育理念,仍不断发展深化,并在清末近代形成并确立终身教育的理念和体制,进而在现代得以发展健全,不断完善。

现代教育体制的健全完善,还在另一个范畴得到体现。在人类尚无法根本控制残疾的当今社会里，总有10%左右的人逃脱不了残疾的怪圈，天赋残疾人平等参与社会生活的人权，已成为现代文明社会的基本共识。因此健全完善的教育体制，应包含对视觉、听觉、智力及运动系统等方面存在缺陷的儿童等人群进行培养的"特殊教育"。我国在夏商周时期就出现了公有性质的对盲人乐师之类残疾人的教育。但真正意义的特殊教育，始于清末民初国外教会和国内开明人士开办的专门从事特殊儿童教育的会馆。1916年，清末状元、著名实业家张謇第一次开创了中国人自办的南通盲哑学校。新中国成立后，特殊教育才呈现常规发展态势，从而形成现代教育体制健全完善的一个重要标志。

认真研究中华文明史、教育史，吸取古今中外的积极创造，五中全会《建议》指出："全面贯彻党的教育方针，落实立德树人根本任务，加强社会主义核心价值观教育，培养德智体美全面发展的社会主义建设者和接班人。"又指出，"深化教育改革，把增强学生社会责任感、创新精神、实践能力作为重点任务贯彻到国民教育全过程。"中央的正确决策，必将传承五千文明，推动我国教育事业跃升到一个崭新的水平。

第十法　建立健全机制法

本法提要

本方法的内含结构及介绍的主要内容是：其一，本方法的含义。以机制含义的阐释开头，以必要的分析作出深化，以一个经典小故事为导引作出介绍。其二，本方法的举例分析说明。以三中全会《决定》33条"健全司法权力运行机制"为本法分析说明的重要举例。其三，本方法的拓展应用。以中央全面深化改革领导小组决定破除公立医院逐利机制、建立公立医院运行新机制为拓展应用举例。其四，本方法的历史镜鉴宝典。以历史悠久的中华法律文化演进历程上的"亲亲相隐"与"大义灭亲"矛盾中的机制协调为历史镜鉴宝典举例，从而形成以市场机制、法律机制等相关内容为举例的主要内容，以古今照应、积极探索当今改革热点、难点，实现系统、深度阐释本方法的效果。

一、本方法的含义

机制，是一个内涵非常丰富的词。现实社会中，在既定的体制、制度下拓展作为，大多是在机制的领域范畴寻求施展的空间。所谓机制，查阅《辞海》《现代汉语词典》等工具书，解释意思是：①机器的构造和动作原理；②生物体等机体的构造、功能和相互关系；③一个工作系统的组织或部分之间相互作用的过程和方式。归纳起来，并基于说明本方法的含义可见：机制是指，一个系统的内部构造，各构成部分之间的关系，动作原理。

分析和抓住要点，理解机制这个概念，最主要的是要把握两点：①事物各个部分的存在,是机制存在的前提。因为事物有各个部分的存在,就必然有一个如何协调各个部分之间的关系问题。②协调各个部分之间的关系,一定是一种具体的运行方式。机制是以一定的运作方式,把事物的各个部分联系起来,使它们协调运行而发挥作用的。

机制的建立,一靠体制,二靠制度。可以通过改革体制、制度,达到转换机制的目的;也可以通过建立健全体制、制度,来建立健全机制。也就是说,通过建立适当的体制和制度,可以形成相应的机制;而机制运行效果的发挥,正是体制、制度建设的目的所在。机制运行得好,甚至可以在一定程度上弥补体制、制度设计、建设的不足。但彻底错误的体制、制度之下,机制的谬误将会远达千里。例如:计划经济和市场经济是两种不同的体制,在两种经济体制之下形成的两种经济运行机制,运行效果截然不同。

有一个很经典的换灯泡的小故事,很能说明两种体制带来的运行机制的不同。这小故事说的是有一个家庭,家里的一个电灯泡坏了,在计划经济体制下,他必须向有关部门报修,接下来,有关部门开始工作:首先,第一个人做计划;接着,第二个人根据计划去领灯泡;然后,第三个人去换灯泡;最后,第四个人做好统计——完成这么一个换灯泡工作,总共需要4个人。而在市场经济体制下,家里灯泡坏了,打个电话给维修公司,公司马上派一个人,带着灯泡来给换上,付款完事——这里只需要来一个人。其实,还有不要来人的办法。因为换个灯泡的事很简单,如果这家主人会换灯泡,自己跑到商店买一个回来,自己换上——这就不需要别人了。由上述故事可见,不同的体制,带来的不同机制,运行方式及其效率、效果竟然有如此之大的差别。

在充分肯定制度、体制对机制制约、激励作用的基础上,我们还必须看到,机制的作用并非绝对地依附于一定的制度、体制,乃至思想理论观念,它还有着自己独立作为的空间。在特定的时间、空间、人群,好的机制除了可以弥补制度、体制的不足,甚至在制度、体制乃至理论苍白无力的状况下,机制对保障社会的运行,常会展示出高超的协调功用(参见本法后续举例)。

拓展深化之法

　　建立健全机制的作用是重大的,建立健全机制之法的研究,其意义是鲜明的。

　　仍然采取以标题的核心词汇来选择和作出步步深入的研究。三中全会《决定》60条,重点阐述"机制"的,计有6条(占10%),即:10条"完善主要由市场决定价格的机制"、23条"完善城镇化健康发展体制机制"、33条"健全司法权力运行机制"、35条"形成科学有效的权力制约和协调机制"、36条"加强反腐败体制机制创新和制度保障"、43条"健全促进就业创业体制机制"。

　　这6条中,单独阐述机制的只有10条、33条、35条这3条,而其余3条是体制机制(36条还包括制度)合并阐述的。

　　这6条在三中全会《决定》中的分布是:10条、23条,在经济分论;33、35、36条,在政治分论(该分论条数占6条的一半,选33条为本法主例);43条,在社会分论。这其中,没有文化分论、生态分论、国防和军队分论的条目。

　　逻辑上分析,机制的建设,也可像上述制度、体制的建设一样,分作创新建设和健全完善建设两类情况、两种方法。但在三中全会《决定》的诸多条目中,关于机制的创新和健全完善,常常采取综合性、混合型表述,如在36条中,机制是与体制、制度一起出现的(本书以36条为代表,将体制、机制、制度"三制"合力作为独立一法列出;而10条"完善主要由市场决定价格的机制"内含的具有基础性、决定性机制作用的市场定价机制,其核心内涵已在"比对深化法"中得到体现)。综合考虑三中全会《决定》关于机制建设的阐述,本书关于机制建设之法,取"建立健全法"予以综合表述。

二、本方法的举例分析说明

　　本法选择三中全会《决定》33条"健全司法权力运行机制"为主例,35条"形成科学有效的权力制约和协调机制"等为辅例,并学习贯彻五中全会关于"运用法治思维和法治方式推动发展"的精神、内涵,加以分析说明。

　　(一)33条在三中全会《决定》中的位置

　　33条居于三中全会《决定》第九部分"推进法治中国建设"之中。第九部分属于三中全会《决定》的政治分论。政治分论包含第八、第九、第十,计3个部分。第九部分由30~34条共5条构成。30条"维护宪法法律权威"、31条"深化行政执法体制改革"、32条"确保依法独立公正行使审判权检察权"、33条"健全司法权力运行机制"、34条"完善人权司法保障制度",观察、分析33条的位置及其与前后各条的内涵逻辑联系,即可对准确把握该条乃至有关机制建立健全的要义,形成清晰认识。

(二)33条的内容结构

33条内容在三中全会《决定》原文中以3个自然段表述,这里试作分解、提炼,对机制的建立健全以图10-1示意。仔细研究这些内容可见,它们存在着某些与制度、体制建立健全的相通之处,分析它们的异同,其根本区别在于作为的空间,这里是活动在"机制"含义所界定的范围中。

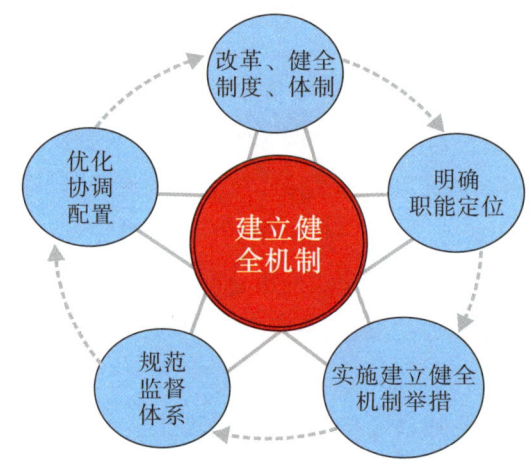

图10-1 建立健全机制法举例示意图

以图10-2示意,分做3个方面展示该方法思路:其一,明确优化配置,健全机制,加强监督;其二,阐明改革制度、体制,完善责任制;明确职能定位,规范监督体系;其三,系统性、具体化健全司法权力运行机制的举措。

其一,明确优化配置,健全机制,加强监督。其主要内容是:优化司法职权配置,健全司法权力分工负责、互相配合、互相制约机制,加强和规范对司法活动的法律监督和社会监督。

其二,阐明改革制度、体制,完善责任制;明确职能定位,规范监督体系。分作两点来把握:(1)改革制度,完善责任制。改革审判委员会制度,完善主审法官、合议庭办案责任制,让审理者裁判、由裁判者负责。(2)明确职能定位,规范监督体系。明确各级法院职能定位,规范上下级法院审级监督关系。

其三,系统性、具体化健全司法权力运行机制的举措。这里的举措,内容同样格外丰富,分作4点理解和把握:(1)推进公开。推进审判公开、检务公开、录制并保留全程庭审资料。(2)增强文书说理性,推动文书公开。增强法律文书说理性,推动公开法院生效裁判文书。(3)严格规范程序,强化监督制度。严格规范减刑、假释、保外就医程序,强化监督制度。(4)拓宽群众参与司法渠道。广泛实行人民陪审员、人民监督员制度,拓宽人民群众有序参与司法渠道。

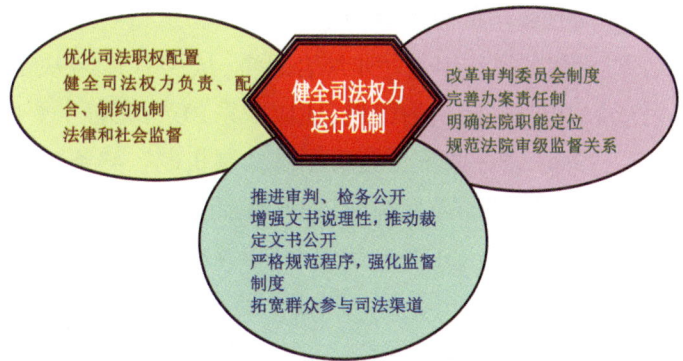

图10-2　建立健全机制法举例示意图Ⅱ

(健全司法权力运行机制示意图)

三、本方法的拓展应用

(一)建立健全机制法举例的联系思考

本方法是综合的表达机制建设之法,即包含机制的建立和健全的方法。要准确、清晰地掌握机制建设之法,显然应该做到对创新建设和健全完善建设的区分理解、全面把握。

本方法主例为三中全会《决定》第九部分"推进法治中国建设"中的33条"健全司法权力运行机制",该条突出的是对机制的"健全"。之所以用该条为主例,是基于三中全会《决定》内含条目名称的核心词为"机制"的,共计6条,其中4条侧重健全、完善(这4条中,又有2条是机制与体制并列阐述的)。而另外有一条(36条),突出"加强创新",但其体制、机制(还有制度)是并列阐述的。而单独阐述机制的,只还有一条,即35条"形成科学有效的权力制约和协调机制",重在"形成"有关机制。所以,这里将35条作为辅例。

在如上理解的基础上,对机制的建设还应从3个方面作出拓展、深化。其一,从主例和辅例在三中全会《决定》中所处位置作出分析、思考。关于主例,上边已作分析。再看辅例35条,其处在第十部分包含的3条中的第一条,展示了该部分以机制的形成、建立开路,后续36、37条实现加强反腐和作风建设,从而3条一同完成本部分所界定的"强化权力运行制约和监督体系"的任务。其二,对机制建设作出进一步综合思考。从三中全会《决定》内含的条目来看,除33条为主例,35条为辅例,还应联系10条"完善主要由市场决定价格的机制"、23条"完善城镇化健康发展体制机制"、43条"健全促进就业创业体制机制"和36条"加强反腐败体制机制创新和制度保障"等,更进一步拓展思考、应用。其三,在如上基础上,如寻求进一步拓展,可再与制度、体制、体系等的建设之法相联系而推进开阔、深化。

(二)建立健全机制法拓展应用举例

破除公立医院的逐利机制,建立公立医院运行新机制,其内含丰富的机制建设,为建立健全机制法的拓展应用,提供了一个人民关切度极高的生动实例。

推进全面深化改革,大量的新机制需要建设,需要建立健全。与此同时,还必须看到,新机制建设和建立健全的前提,往往是旧机制的破除。2015年4月1日,中央全面深化改革领导小组召开第十一次会议,审议通过了《关于城市公立医院综合改革试点的指导意见》(以下简称《医院改革意见》),该《医院改革意见》的核心就是,破除公立医院的逐利机制,建立公立医院运行新机制。

中央全面深化改革领导小组的这次会议强调,公立医院是我国医疗服务体系的主体,要把深化公立医院的改革,作为保障和改善民生的重要举措,要着力解决好群众看病就医的问题。要坚持公立医院的公益性的基本定位,将公平可及、群众受益,作为改革的出发点和立足点。要落实政府办医的责任,统筹推进医疗、医保、医药的改革。要坚持分类指导,坚持探索创新,要破除公立医院的逐利机制,要建立维护公益性、调动积极性、保障可持续的运行新机制。要构建布局合理、分工协作的医疗服务新体系和分级诊疗就医的新格局。

城市公立医院改革的综合性很强、涉及面很广,在改革公立医院的管理体制,建立公立医院的运行新机制,强化医保的支付和监控作用,建立起符合医疗行业特点的人事薪酬制度,构建各类医疗机构协同发展服务新体系,推动建立分级诊疗的新制度,加快推进医疗卫生信息化的建设等众多方面,都要进行大胆探索,作出积极创新。

这次会议特别强调了政府责任,要求各级政府,要切实落实领导责任、保障责任、管理责任、监督责任。要立足我国的国情,加快推进改革试点,尽快形成可复制可推广的经验。

中央深改领导小组深知破除旧机制、建立新机制的艰难,因此,这次会议上特别作出了周密部署。

首先,强调了应站立的战略布局高度及应具有的能力、勇气。要站在贯彻落实"四个全面"战略布局的高度,深刻地把握全面深化改革的关键地位和重要作用,要拿出勇气和魄力,自觉地运用改革思维来谋划和推动工作,要不断提高领导、谋划、推动、落实改革的能力和水平,要切实做到人民有呼,改革有应。

其二,强调了组织好规划实施。要以科学、务实的精神和态度,组织好规划实施,要高水准地注重政策统筹、方案统筹、力量统筹、进度统筹,要确保改革任务相互协调,改革进程前后衔接,改革成果彼此配套,要及时解决实施中的矛盾问题,要努力把各项重要举措落到实处。

其三,强调了改革推进的力度。首先,在精神上强化推进改革力度的认识。这次深改会议强调,推进全面深化改革、全面依法治国的任务很重,时间很紧。因此要发扬钉钉子精神,乘势而上,顺势而为。其次,从改革方案出台上加大力度。要从出台方案做起,把试点工作抓紧抓实。加大出台改革方案力度的一个表现是,所有出台的方案,一定要有可操作性,要细化改革任务的责任主体、完成时限、考核问责等项目内容。加大出台改革方案力度的另一个表现是,改革方案一旦获准通过,能够公开的,要向社会原原本本地发布,以利于社会共同监督、落实。第三,加大改革推进力度,还要抓好改革方案的进度统筹、质量统筹、落地统筹,理清各项改革的"联络图"和"关系网",增强改革的有序性,从而,使改革推进的力度切实获得加大。由此,也使建立健全机制之法的建设和运用,落到实处。2015年10月,五中全会《建议》进一步强调:"全面推进公立医院综合改革"。这就使上述公立医院综合改革的系统方案获得持续的、更强力的推动。

四、本方法的历史镜鉴宝典

机制的建立健全,必以制度、体制建设为基础,而其根本又在主导理论,主导思想观念。如江河湖泊的治理,以洪泽湖为例,20世纪50年代初分属江苏、安徽两省管辖,因旱涝水患矛盾不断,甚至酿成群体械斗,机制协调无力。于是中央决定洪泽湖归江苏一省来管,使体制保障机制效用得以发挥,洪泽湖得以有序治理。

但在时空、人群和问题不同的背景下,理论观念往往有极大差别,甚至深刻矛盾,从而导致产生人类社会需要运行而理论观念无法贯彻的深度矛盾。这时,机制并非绝对依附于一定制度、体制而保障社会运行的特殊功效常会得到展示。下面通过"其子攘羊"与"父为子隐"的著名历史公案,对伦理亲情与法律原则之间的协调机制予以探讨。

党的十八届四中全会《决定》指出:建设中国特色社会主义法治体系,

必须坚持依法治国和以德治国相结合,大力弘扬社会主义核心价值观,弘扬中华传统美德,汲取中华法律文化精华,向着建设法治中国不断前进。

历史悠久的中华法律文化,在依法治国和以德治国方面,对法律与道德、刑事与亲情,积聚起深入精微的协调机制,留下丰富的理论阐述和大量具体案例。在"亲亲相隐"与"大义灭亲"问题上,对"法不容情"与"法不禁伦理亲情"协调机制的主导理论、主导思路的形成,就颇值得今人思考借鉴。

亲亲相隐思想源于先秦儒家父子相隐的伦理学说,《论语·子路篇》所载"攘羊"的故事,被视为阐释这一思想的典型案例。叶公语孔子曰:"吾党有直躬者,其父攘羊,而子证之。"孔子曰:"吾党之直者异于是:父为子隐,子为父隐,直在其中矣。"意思是,叶公告诉孔子说:"我的家乡有个正直的人,他的父亲偷了人家的羊,他告发了父亲。"孔子则表示异议说:"我家乡的正直的人,和你讲的正直人不一样。我家乡的正直标准是:父亲为儿子隐瞒,儿子为父亲隐瞒,正直就在其中了。"由此可见,孔子认为"父为子隐,子为父隐"就是具有了"直"的品格,前提是把正直的道德纳入"孝"与"慈"的范畴之中,一切都要服从"礼"的规定。

叶公和孔子争论的案例影响很大,后来的《韩非子·五蠹》《吕氏春秋·当务》《礼记·檀弓》《盐铁论·周秦》《白虎通·谏诤》,以及汉宣帝的《诏书》、清代宋翔凤《过庭录》、程瑶田的《论学小说》等,都不断引用,而且多表认同。

从孔、叶对话和后人的认可来看,"亲亲相隐"大致包含以下几方面的内容:

(1)"亲亲相隐"在春秋时期仅是作为乡党间的习俗。既不是法律制度,也不是孔子提出的道德规范。(2)容隐的亲属主体也只是在父子之间,并且是双向的。(3)容隐的方式只是保持沉默,不去作证,是缘血脉亲情的自发行为。(4)父子相隐习俗被孔子上升到伦理的高度,从而为以后父子相隐的法律化打下基础。(5)容隐是因为亲情的"不忍"而对外保持沉默,并不意味着没有纠错的义务,儿子对父亲的过失,勇于谏诤才符合孝道。(6)结合论语的整体内容看,容隐是有范围的。"攘羊"之类的行为或轻微罪行可以父子相隐,但弑君等大逆不道的行为,则提倡"大义灭亲",孔子称赞石碏杀子的行为就能说明问题。

  由此可见,春秋儒家的"亲亲相隐"体现了鲜明的人伦精神。但随着封建制度的发展也导致以情害法、屈法以申情的现象不断出现,甚至由"亲亲相隐"延伸出不经法律而自行杀人以"为亲复仇"的风气。如唐代武则天时期,同州下邽县有个叫徐元庆的人,因父亲徐爽被县尉赵师韫杀了,他就径自亲手杀掉他父亲的仇人赵师韫,然后自己捆绑着身体到官府自首。

  对于这样一个案例,唐王朝中有人认为报父仇合于孝道,应予赦免;有人认为擅杀违法,应予惩治。留下千古绝唱(《登幽州台歌》)的诗文革新人物陈子昂,对此展示了其独到的见解,他提出:徐元庆擅自杀人,违犯法纪,应处死罪;而为父报仇,却合于礼义,应予表彰,主张对徐元庆"处死的同时,又予以褒扬"的特殊处理意见。此事引起激烈而持久的争论,直到中唐时期,韩愈、柳宗元等都有专文参与议论辩驳。现代法律学界对"大义灭亲"问题仍然存在不同意见,例如,香港根据安徽滁州市真人实事改编摄制的电影《天国逆子》,引发深度震撼和激烈争论。这些都说明,健全法律机制至今仍是人类社会管理中任重道远的任务。

  对传统文化中的"亲亲相隐",既需排除其糟粕,也需传承其蕴涵的优秀的法律文化和健康的伦理道德内涵,从而认真研究我国历史积累的法律精神与伦理亲情平衡兼顾的合理协调机制,作为当今全面推进依法治国工作的借鉴。

第十一法 "三制"合力法

> **本法提要**
>
> 本方法的内含结构及介绍的主要内容是:其一,本方法的含义。介绍了本方法的基本含义,并以一则经典小故事作引例,引发深入探讨。其二,本方法的举例分析说明。以三中全会《决定》36条"加强反腐败体制机制创新和制度保障"为本法分析说明的重要举例。其三,本方法的拓展应用。以我国深化体制机制改革加快实施创新驱动发展战略为拓展应用举例。其四,本方法的历史镜鉴宝典。以宋代丁谓著名的"一举而三役济"为历史镜鉴宝典举例。如此,以当今世界最热点的反腐和创新驱动话题为主要着墨事例,并从多要素组合成功动因探究的角度(而非拘泥于固化的"三制")选择历史典故,形成古今联通、收敛与发散相结合、成功动因和路径探寻兼顾的"三制"合力之法的介绍。

一、本方法的含义

所谓"三制",依据三中全会《决定》的有关条款(36条等),指的是制度、体制、机制。举目我国当今改革,大量的是在法制框架下动用体制、机制和制度手段的改革,因此,这一"三制"概念的确立,对推进深化改革的巨量实践来说,普适性、实战性更强。进一步分析,我们还可看到,由于我国改革已到深水区,面对改革特定复杂任务的要求,采取的手段也必定需要多项、多元、复合推进。虽然在三中全会《决定》文本条目的标题中,一个标题里,"三制"名词同时出现,只有在36条用于反腐这一次,但进入各条内容仔细分析

图解方法话深改

可见,内含的手段常常是体制、机制、制度"三制"并举的。所以,此定义内容的"三制"合力之法,其价值的普遍意义鲜明。(参见图11-1)

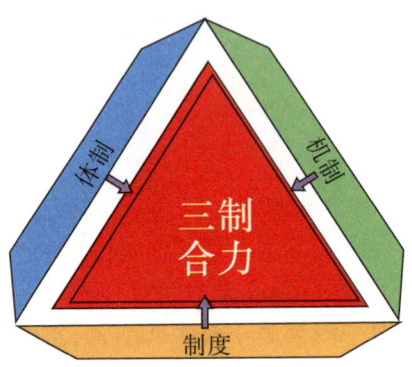

图11-1　三制合力法举例示意图

其实,在中国的语境中,"三"本身包含有"多"的意思,正所谓一人为单、二人为双、三人为众。因此,"三制"合力,实有"多制"合力之意。

几十年前,笔者刚上小学时曾学过一篇课文,叫《拔萝卜》,至今记忆犹新。它说的是,有一个老公公种了一棵大萝卜,萝卜长得太大了,他一个人拔不起来,于是,老婆婆、小姑娘、小花狗、小花猫陆续都去帮忙,最后终于拔起来了。这故事至今仍在幼儿读物中常见,而且很受欢迎。道理很简单,除了故事生动、好玩,符合儿童天性之外,那就是这故事虽小,但却反映了一个亘古不变的真理:人多力量大,人心齐泰山移。

这里沿着我们的"三制"合力法的话题来说,故事内中的要领,应突出强调两点和补充一点。要强调的两点是:其一,"三制",应该不仅拘泥于"三",应取"多制"之意,像"拔萝卜"故事中,并不仅三个人。其二,更为关键的是,应是"合力",而不是分力、散力,更不能是南辕北辙。要保证心往一处想,劲往一处使,综合性调动体制、机制、制度和体系、战略等多种要素,在法制框架下充分发挥出它们的合力。这一点,"拔萝卜"故事特别形象地、生动地、反复地强化叙述了人员陆续增加,并且是有序排列和用力的场景,给人留下根深蒂固的印象。至于要补充的一点,则是"拔萝卜"小故事没能包含的内容（我们也不能苛求一个小故事什么都包含），那就是顶层设计问题。一项大型活动，或宏大工程，必须事先做好统筹规划，或曰顶层设计。为此，我们特意在本法的历史镜鉴宝典中，选用中国古代的一个比较完美的工程实践为例，重在提炼其"合力"思想精髓，用于本方法本质规律的把握。

有必要再补充说一下社会上关于"三制"内含的多种不同理解、不同定义。中国古代有指国家等级的，即国力的强、弱、中三种等级。《管子·枢言》："凡国有三制：有制人者；有为人之所制者；有不能制人，人亦不能制者。"有指当代推进改革进程中一个企业或单位同时采用三种（或多种）体制（制度）的，如"一厂三制"（大家立刻会联想到宏观上有"一国两制"）等。在我国应急管理上，近年则形成"一案三制"架构，而这当中的"三制"，所指是法制、体制、机制。对这一定义我们的理解是，应急管理，说到底是一种非常态管理，所以其某些活动带有紧急状态下必要的强制性，因此其"三制"包含"法制"是理所当然的。其实，上述已阐明，"三制"或者"多制"及它们的不同构成，只是形式的差异，本方法所追求的，根本在于它们的良好聚合发力而解决问题、达成目标。

二、本方法的举例分析说明

本方法的主要举例，选择三中全会《决定》36条"加强反腐败体制机制创新和制度保障"，并学习贯彻五中全会关于"协调发展""从严治党"等中央决定精神，予以阐释。"三制"合力惩治腐败，其代表性和重大意义鲜明。

（一）36条在《决定》中的位置

36条居于三中全会《决定》的政治分论之中。三中全会《决定》的政治分论由第八部分"加快社会主义民主政治制度建设"、第九部分"推进法治中国建设"、第十部分"强化权力运行制约和监督体系"等3个部分构成。36条处在第十部分包含的3条中的第二条，其前为35条"形成科学有效的权力制约和协调机制"，其后为37条"健全改进作风常态化制度"，如此形成权力制约和协调机制开路，健全作风常态化制度居后保障，"三制"并举，合力重拳反腐，从而完成本部分所界定的"强化权力运行制约和监督体系"的重任，达成深化政治体制改革的目标。

(二)36条的内容结构

三中全会《决定》36条的内容由5个自然段表述,"三制"合力法也依据之分析和归纳为5个方面予以阐释:其一,加强党的统一领导,并改革体制、健全机制、完善职能;其二,落实责任制(党委负主体责任,纪委负监督责任);其三,推动党的纪检双重领导体制"三化"建设,并具体落实;其四,全面落实中纪委派驻机构名称、管理、职责及巡视制度;其五,健全反腐倡廉法规制度体系,健全监督。(见图11-2)

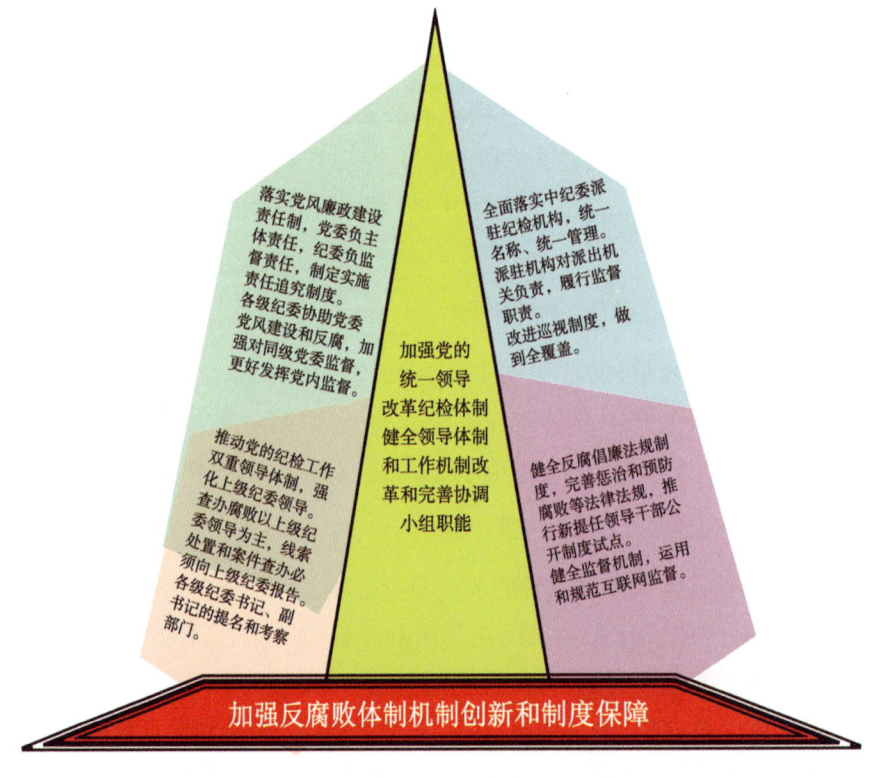

图11-2 "三制"合力法举例示意图Ⅱ
(加强反腐败体制机制创新和制度保障示意图)

其一,加强党的统一领导,并改革体制、健全机制、完善职能。分解为4点来认识:(1)加强党的统一领导(加强党对党风廉政建设和反腐败工作统一领导);(2)改革体制(改革党的纪律检查体制);(3)健全体制、机制(健全反腐败领导体制和工作机制);(4)改革和完善职能(改革和完善各级反腐败协调小组职能)。

其二,落实责任制(党委负主体责任,纪委负监督责任)。分解为两点来认识:(1)落实党风廉政建设责任制,党委负主体责任,纪委负监督责任,制定实施切实可行的责任追究制度。(2)各级纪委要履行协助党委加强党风建设和组织协调反腐败工作的职责,加强对同级党委特别是常委会成员的监督,更好发挥党内监督专门机关作用。

其三,推动党的纪检双重领导体制"三化"建设,并具体落实。分解为3点来认识:(1)推动党的纪律检查工作双重领导体制具体化、程序化、制度化,强化上级纪委对下级纪委的领导。(2)查办腐败案件以上级纪委领导为主,线索处置和案件查办在向同级党委报告的同时必须向上级纪委报告。(3)各级纪委书记、副书记的提名和考察以上级纪委会同组织部门为主。

其四,全面落实中纪委派驻机构名称、管理、职责及巡视制度。分解为3点来把握:(1)全面落实中央纪委向中央一级党和国家机关派驻纪检机构,实行统一名称、统一管理。(2)派驻机构对派出机关负责,履行监督职责。(3)改进中央和省区市巡视制度,做到对地方、部门、企事业单位全覆盖。

其五,健全反腐倡廉法规制度体系,健全监督。分作两点来理解:(1)健全反腐倡廉法规制度体系,完善惩治和预防腐败、防控廉政风险、防止利益冲突、领导干部报告个人有关事项、任职回避等方面法律法规,推行新提任领导干部有关事项公开制度试点。(2)健全民主监督、法律监督、舆论监督机制,运用和规范互联网监督。

三、本方法的拓展应用

(一)"三制"合力法举例的联系思考

三中全会《决定》中,"三制"合力法,除在36条有很丰富的表现外,在42

条"深化教育领域综合改革"等条目中,也有同样丰富的展示。其实,前已说过,由于我国目前处于改革的深水区和攻坚期,改革的交错性、复杂性特点鲜明,因此,从严格意义上说,任何一个看起来是单项的改革任务,而要深化进行,则基本上都要多措并举,多种方法共用,只是同一时间所处层次或包含内容存在差异而已。譬如企业,是经济组织;而国有企业改革,就远非仅是经济问题了;再进一步,国有企业建立现代企业制度,那又进入制度建设范畴了;而此制度的建设,根据2015年6月5日中央深改领导小组会议精神,其应该同强化党的领导、党的建设统一起来。由此可见,一项国有企业改革及其现代企业制度建设,就涵盖了生产力、生产关系乃至上层建筑这么广阔范畴的挑战。

因此,为精准把握"三制"合力之法,必须进一步作出延伸努力,如细化阅读、吃透有关制度、体制、机制等的理论论述、概念界定、规律揭示、改革建设经验总结,尤其是多措并举推进改革深化的成功规律和实践经验,包含体系、规则、方式的建设探索等,以助推下一步改革,加强顶层设计,切实提高改革成功率和科学发展水平。

(二)"三制"合力法拓展应用举例

综合性调动体制、机制、制度和体系、战略等多种要素,充分发挥它们的合力,作用于国家创新驱动,其内含"三制"乃至"多制"合力推进创新驱动的理论和实践,为"三制"合力法的拓展应用,提供了一个内涵十分丰富的实例。

中国说"三",包含有"多"的意思,"三制"合力,实有"多制合力"之意。以上举例,将"三制"合力用在了惩治腐败上,显示了以党的十八届三中全会为代表的反腐决心和政策指向。这里的"三制"合力法拓展应用举例,用力所指的是另一重大方向——国家创新驱动战略的实施。

实施创新驱动,是我国转变经济发展方式的关键,是我国能否摆脱所谓中等收入陷阱的关键。战略至关重要,因此需要多处发力,务求成功。2015年3月23日,《中共中央国务院关于深化体制机制改革加快实施创新驱动发展战略的若干意见》发布(以下简称《创新战略意见》)。该《创新战略意见》全文约9000字,共分9个部分30条,包括的9个部分是:总体思路和主要目标,营造激励创新的公平竞争环境,建立技术创新市场导向机制,强化金融创新的功能,完善成果转化激励政策,构建更加高效的科研体系,创新培养、用好和吸引人才机制,推动形成深度融合的开放创新局面,加强创新政策统筹协调。

分析该《创新战略意见》可以看到,文件中很典型地使用了"三制"合力之法。从文件的题目用词来看,其中好像仅包含体制、机制之"二制",缺少制度之"制"。其实,这里选用了"战略"一词,引入了"战略"要素,其重力可见。接下来,再进入文件内容分析,情况就更为明晰了。

《创新战略意见》共9个部分30条,按各个部分和条目名称的用词来判定,则情况是:9个部分的标题用词,只有3、7两个部分用了"机制"一词,"体制""制度"二词都没有使用("政策",有5、9两部分使用;"体系",6部分使用);进入30条的标题用词来看,情况就不同了,"体制"有两条包含(或涉及),"机制"有4条包含,"制度"有5条包含("政策"有4条包含,"体系"有1条包含)。再进入具体内容来看,表述就更为明朗。如在第1部分"总体思路和主要目标"的第1个自然段的结尾就明确指出:"营造大众创业、万众创新的政策环境和制度环境。"而最后1个部分,即第9个部分"加强创新政策统筹协调"的第1个自然段:"更好发挥政府推进创新的作用。改革科技管理体制,加强创新政策评估督查与绩效评价,形成职责明晰、积极作为、协调有力、长效管用的创新治理体系。"其中,政策、制度、体制、体系等频频出现,足见文件内含的"多制"合力。由此可见,对创新驱动,国家使用的"三制"合力,其力量是更综合、更强大。

"多制"合力的力度更大,所以对组织能力、聚合能力的要求也更高了。为此,《创新战略意见》特别在文件的最后强调:要"遵循创新区域高度集聚的规律,在有条件的省(自治区、直辖市)系统推进全面创新改革试验,授权开展知识产权、科研院所、高等教育、人才流动、国际合作、金融创新、激励机制、市场准入等改革试验,努力在重要领域和关键环节取得新突破,及时总结推广经验,发挥示范和带动作用,促进创新驱动发展战略的深入实施。"并进一步指出:"各级党委和政府要高度重视,加强领导,把深化体制机制改革、加快实施创新驱动发展战略,作为落实党的十八大和十八届二中、三中、四中全会精神的重大任务,认真抓好落实。有关方面要密切配合,分解改革任务,明确时间表和路线图,确定责任部门和责任人。要加强对创新文化的宣传和舆论引导,宣传改革经验、回应社会关切、引导社会舆论,为创新营造良好的社会环境。"

四、本方法的历史镜鉴宝典

"三制"合力法的要点、难点,在于其目标的统一性,实施逻辑的一贯性,资源调度的系统性、统筹性、有效性。针对这些难点,举一个例子,虽然这例子看起来直接表述的并非体制、机制、制度的事,但深入一步从提炼思想精髓和掌握方法规律可见,对"三制"合力之法的建设、运用以及内涵理解,会有诸多启迪。

宋代有一项著名的"一举三役"工程。这项工程,见于宋代沈括《梦溪笔谈》的记载:"祥符中,禁火。时丁晋公主营复宫室,患取土远,公乃令凿通衢取土,不日皆成巨堑。乃决汴水入堑中,引诸道竹木排筏及船运杂材,尽自堑中入至宫门。事毕,却以斥弃瓦砾灰壤实于堑中,复为街衢。一举而三役济,计省费以亿万计。"

用现代语言表示,此工程的大体经过是:宋真宗大中祥符(1008—1017)年间,皇宫中发生火灾。晋公丁谓奉命修缮被烧毁的宫室,但是担心取土很远有困难,丁晋公就命令工匠在皇宫附近的大街上挖土,没过几日,大街就成了巨大沟渠。丁晋公就命令工匠挖开汴河堤坝,将河水引进新开的沟渠,再征集各地的竹排木筏和船只运送各种建材,全都从沟渠中水运进宫门。宫殿修完后,再将被烧毁的器材和多出来建筑材料,填进挖出来的深沟中,重新恢复为大街通道。这一举措就完成了皇宫重建工程中的三项子工程,节省下来的钱超过了亿万。

丁谓用"一举三得"的方案重建皇宫,是一次典型的多要素统筹调度、系统管理的成功实践。皇城失火,皇宫被焚,重建皇宫是一个复杂的浩大工程,不仅要设计施工,运输材料,还要清理废墟,任务十分艰巨。成竹在胸的丁谓运筹帷幄,首先在皇宫前开沟渠,然后利用开沟取出的土烧砖,再把京城附近的汴水引入沟中,使船只运送建筑材料直达工地。工程完工后,又将废弃物填入沟中,复原大街。

这样一项异于常规思维的决策,主要体现为三点:其一,在施工取材上,"窝边吃草",远虑近取;其二,在建材输运上,挖街为渠,以舟代车;其三,在善后清场中,垃圾代料,化废为利,同时节省了运送垃圾和购买填渠用土的两项成本和劳动量。从而,极为精彩地解决了取土烧砖、材料运输、清理废墟三个难题,不仅化繁为简,使本来耗时持久的过程提前完成,而且节约了难以想象的数量以亿万计的巨额成本。

丁谓这个"一举三得"事例,似乎和"三制"合力在事物表象上有一定距离,因此这里有必要做些说明:一是从"远虑近取""以舟代车""化废为利"三个方面分析来看,它们分别拥有原料采购体制、工具运管制度、价值转换机制等诸多制度、体制、机制深刻变革和实践运行的内含;二是从对方法的运用来说,追求的关键是实质性效果,而非表象的绝对化一致。形神兼备固然很好,但绝不能因此就否定了"神"才是我们的根本追求。我们要吸取借鉴的,主要应是事例中体现出的中国古人超前意识的系统管理思想和高超智慧的多措并举、合力运行的实践及其效果。

追求"三制"合力成功的要点有三:其一,高超的顶层设计。像丁谓的"一举而三役"那样,达成"运筹帷幄之中,决胜千里之外"(司马迁《史记·高祖本纪》)之效。其二,成功的统筹协调。"三制"之体制、机制、制度各据一方,达成目标一致的统筹协调,格外艰难。党的十八届三中全会指出:

"加强顶层设计和摸着石头过河相结合",在这里,更凸显其久远价值和现实意义。其三,坚定的坚持、坚守。"三制"之中的任何"一制",要成功地设计、建设和实施都十分不易,而要追求"三制"合力的联合给力、发力,可想而知,其难度绝非三个"难"的简单相加,坚持、坚守的价值格外凸显。

  这里还有必要进一步强调两点:其一,在顶层设计和目标明确的前提下,摸着石头过河的务实实践,就格外显得重要。行动的坚持、坚守,务实的摸着石头过河,是一切顶层设计和良好目标获得最终成功的保障。其二,高超、精微的思想认识,是成功设计与实施的基础和统帅。

第十二法　创新构建体系法

本法提要

本方法的内含结构及介绍的主要内容是：其一，本方法的含义。作了方法含义的介绍，并进行深入一步的分析，且以举例阐释。其二，本方法的举例分析说明。以三中全会《决定》20条"加快构建新型农业经营体系"为本法分析说明的重要举例。其三，本方法的拓展应用。以中央全面深化改革领导小组第一次会议对自身组织体系的建设，为拓展应用举例。其四，本方法的历史镜鉴宝典。以太平天国《资政新篇》所展示的政权架构体系，作为历史镜鉴宝典举例。从而，对我国宏观的当今推进全面深化改革最高领导体系建设实践、中观的新型农业经营体系建设决策，古代的政权体系架构进行探索，形成联系、比对，对本方法的创新构建体系建设，形成多角度、多方位、体系性的启迪。

一、本方法的含义

所谓体系，是指由若干事物或某些意识互相联系、互相制约而构成的一个整体。如理论体系、语法体系、工业体系、思想体系等。

当前，我国发展进入新阶段，改革进入深水区和攻坚期。一方面，许多不合理、不合时、不切实的体制、机制、体系要破除；另一方面，适应现代社会的先进思想、先进生产力、社会活力竞相迸发和涌流的需要，许多新体系在萌发、在生成。因此，体系建设成为十八届三中全会《决定》部署的一项重要内容。

以标题核心词选择，三中全会《决定》60条，计有6条（占10%）重点阐述"体系"。它们是：12条"完善金融市场体系"、14条"健全宏观调控体系"、20条"加快构建新型农业经营体系"、39条"建立健全现代文化市场体系"、40条"构建现代公共文化服务体系"、50条"健全公共安全体系"。其中重点阐述创新构建的有20、40条；重点阐述健全完善的有12、14、50条；综合性表述为"建立健全"的是39条。

这6条，全部为单纯阐述"体系"的建设，没有与体制、机制、制度等并列表述的现象。

这6条在三中全会《决定》中的分布是：12、14、20条，属经济分论；39、40条，属文化分论；50条，属社会分论。这其中，没有政治分论、生态分论、国防和军队分论的条目。而文化分论在三中全会《决定》中只有一个部分4条内容，其中重点部署体系建设的就有2条，占比50%（另两条的重心是完善管理体制和提高开放水平）。由此可见，体系建设对三中全会《决定》部署的"推进文化体制机制创新"的重要地位和作用。

对待健康、积极的新体系的发育成长，一般用两种方法予以扶植：对成长已历时日，已具有一定基础者，重在促进其完善、健全，应使用健全完善体系之法（第十三法）；而相比时势发展需要，现实却较为弱小，甚至缺无者，则应施之以创新构建之法，予以催生和扶植成长，这便是本法（第十二法）。

不论是创新构建体系，还是完善健全体系，都必须紧紧依据其所处环境、条件，以及与其他体系之间的关系。而体系建设成功与否或健全完善与否的最好检验，最终还是取决于体系运行的效果。笔者最近回故乡，与一位老农业技术员讨论梨树等果树的种植及水果产业的发展问题。他委婉地批评政府有些政策的制定欠琢磨，落实欠火力，左右不合辙，上下不合拍。他说，举个果树栽培的例子，一会叫密植，一会叫稀植，对不对呢？都有道理。问题是，上边政策对不对是一回事，下边的实施和上边的政策合拍不合拍又是一回事。比如，果园密植，受采光等因素制约，相应的要求单株果树分枝要偏向上长，树枝和树干的夹角要小，树形呈主干形、高纺锤形或细长纺锤形；反之，夹角就要大，树形也不同。我一下受到启发：这果园、果树，可以分别看作中观和微观两个体系，它们相互制约、相辅相成，微观体系、中观体系健康、健全，它们之间关系协调，是宏观体系创新构建和健全完善的基础，是宏观决策（譬如"加快构建新型农业经营体系"）成功运行的体现。

二、本方法的举例分析说明

本方法选择三中全会《决定》20条"加快构建新型农业经营体系"为主例，加以分析说明。

（一）20条在三中全会《决定》中的位置

20条处在三中全会《决定》第六部分"健全城乡发展一体化体制机制"内含4条中的第一条，与其后的3条（21条"赋予农民更多财产权利"、22条"推进城乡要素平等交换和公共资源均衡配置"、23条"完善城镇化健康发展体制机制"），共同完成本部分所界定的"健全城乡发展一体化体制机制"之重任。在此4条中，20条以构建新型体系居首，足见此体系的创新构建及其对后续各条起到的前提性、基础性、牵引性等重要作用。这也是依据该条而总结提炼出一个创新方法的价值和基本思考。

（二）20条的内容结构

图12-1　创新构建体系法举例示意图

在与外在要素联系和系统认识的基础上，进一步进入本方法涵盖的内部要素进行观察分析。依据三中全会《决定》20条，分析、归纳成创新构建体系的方法架构，以图12-1示意。

三中全会《决定》20条文本由两大自然段构

成，依据此文本划分格式及其内容构成，将之分解和归纳为5个方面：其一，坚持家庭经营地位；其二，推进农业经营方式创新；其三，维护农民承包经营权和发展集体经济；其四，稳定土地承包，赋予农民权能和创新农民经营；其五，发展合作经济和鼓励、引导工商资本支持。这5个方面各自包含的具体内容是：

其一，坚持家庭经营地位。明确家庭经营地位，具体表述是：坚持家庭经营在农业中的基础性地位。

其二，推进农业经营方式创新。具体内容是：推进家庭经营、集体经营、合作经营、企业经营等共同发展的农业经营方式创新。

其三，维护农民承包经营权和发展集体经济。这里强调了前提，具体内容表述是：坚持农村土地集体所有权，依法维护农民土地承包经营权，发展壮大集体经济。

其四，稳定土地承包，赋予农民权能和创新农民经营。这里阐述、部署的是推进举措，内容丰富，分作5点认识：（1）稳定承包关系。稳定农村土地承包关系并保持长久不变。（2）赋予农民权能。在坚持和完善最严格的耕地保护制度前提下，赋予农民对承包地占有、使用、收益、流转及承包经营权抵押、担保权能。（3）允许承包经营权入股。允许农民以承包经营权入股发展农业产业化经营。（4）鼓励承包经营权流转。鼓励承包经营权在公开市场上向专业大户、家庭农场、农民合作社、农业企业流转。（5）发展多种形式规模经营。

其五，发展合作经济和鼓励、引导工商资本支持。这条是鼓励举措，分作两条来认识、把握：（1）鼓励农村发展合作经济，扶持发展规模化、专业化、现代化经营，允许财政项目资金直接投向符合条件的合作社，允许财政补助形成的资产转交合作社持有和管护，允许合作社开展信用合作。（2）鼓励和引导工商资本到农村发展适合企业化经营的现代种养业，向农业输入现代生产要素和经营模式。

这5大方面，全面地阐述了我国加快构建新型农业经营体系的内容、形式及举措，围绕农业经营体系的创新构建，对经营主体的地位、权能、创新经营和农业经营方式创新及集体经济、合作经济发展等,作出了全面、系统性阐述,对其他类似体系的创新构建,可提供借鉴。(见图12-2)

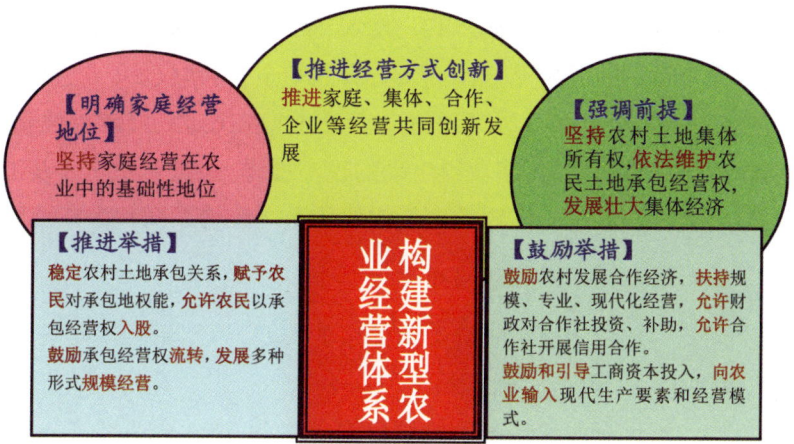

图12-2　创新构建体系法举例示意图Ⅱ

(构建新型农业经营体系示意图)

三、本方法的拓展应用

(一)创新构建体系法举例的联系思考

就三中全会《决定》部署的体系的创新构建来说,应将20条"加快构建新型农业经营体系"和40条"构建现代公共文化服务体系"相联系而思考,相比较而建设,同时推进健全"创新构建体系法"。

再从20条所处的三中全会《决定》的全面深化改革的重点和要对其他改革起到牵引作用的经济体制改革分论来看,该分论由第二至第七个部分组成,20条处在第六部分"健全城乡发展一体化体制机制"所包含的4条中的第一条。通过该条的设置和内容的阐释,完成了农业经营体系的创新构建,为该部分完成健全城乡发展一体化体制机制提供了经营体系的基础设计和建造,对打破城乡二元结构,推进城乡一体化建设,意义、作用非凡。

进一步拓展和深化思考还可看到,对十八届三中全会所作出的"使市场在资源配置中起决定性作用"和"积极发展混合所有制经济"的理论和实践创新,以及关于"让一切劳动、知识、技术、管理、资本的活力竞相迸发,让一切创造社会财富的源泉充分涌流",更有五中全会《建议》关于"大力推进农业现代化"等的论述,通过在我国农业和农村、农民这一广阔天地和领域的创新性经营体系的构建,将获得生动的现实展现。由此可更进一步看到,由三中全会《决定》20条所体现的创新构建体系之法的显在和潜在价值。

(二)创新构建体系法拓展应用举例

中央创新构建深化改革领导小组体系的实践,为创新构建体系法的拓展应用,提供了一个典型实例。

创新构建推进全面深化改革的组织领导体系,这是成功推进我国全面深化改革的前提和保障。2014年1月22日,中央深化改革领导小组召开第一次会议,首先就围绕这一组织体系的建设,进行了细致研究和审议,确定了该小组机构体系及原则等系统性建设。

深改小组设组长1人,副组长3人;下设6个专项小组,即:经济体制和生态文明体制改革、民主法制领域改革、文化体制改革、社会体制改革、党的建设制度改革、纪律检查体制改革6个专项小组;并要求各省市设立同样的深改小组。

在确定最高领导机构设置的基础上,深改小组会议首先就规则的制定进行研究和审议,审议通过了《中央全面深化改革领导小组工作规则》《中央全面深化改革领导小组专项小组工作规则》《中央全面深化改革领导小组办公室工作细则》;审议通过了中央全面深化改革领导小组下设经济体制和生态文明体制改革、民主法制领域改革、文化体制改革、社会体制改革、党的建设制度改革、纪律检查体制改革6个专项小组名单;审议通过了《中央有关部门贯彻落实党的十八届三中全会〈决定〉重要举措分工方案》;听取了各地区各部门贯彻落实党的十八届三中全会精神进展情况,研究了

拓展深化之法

领导小组近期工作。

至此,对推进全面深化改革的组织机构、运行规则、专项改革组织及近期工作等作出了系统性设计和具体安排,一个创新构建体系法的完整思路和系统实践,展现在我们面前。

一个新体系的建设不易,一个新体系的健康、顺利运行更难。体系的建设,不是为了建设而建设,它应负有特定的使命,作为中央深改领导小组,更是使命艰巨,任重道远。为此,对其建设准则、健康运行等一系列相关问题,还必须作出深入、系统研究和决策。

首先,从中央深化改革领导小组的自身建设抓起,明确"打铁还须自身硬"。中央深改领导小组自身的建设,是创新体系成功建设和运作的根本,是推进深化改革的关键,因此,中央深化改革领导小组严格要求自身,首先把深入学习领会党的十八届三中全会精神,党的十八大、党的十八届三中全会作出的各项部署,作为议事决策的总依据。为保证工作的成功推进,深改领导小组严格要求自身,首先要求自身带头学习好、理解深、消化透;要求自身善于观大势、谋大事,站在国内国际两个大局,站在党和国家工作大局和全面深化改革全局,来思考和研究问题。

其二,对使命和责任要有清晰的认识。中央全面深化改革领导小组的责任,就是要把党的十八届三中全会提出的各项改革举措,落实到位。具体来说,中央深改领导小组的主要职责是:研究全面深化改革,确定经济体制、政治体制、文化体制、社会体制、生态文明体制和党的建设制度等方面改革的重大原则、方针政策、总结方案;统一部署全国性重大改革;统筹协调处理全局性、长远性、跨地区跨部门的重大改革问题;指导、推动、督促中央有关重大改革政策措施的组织落实。

其三,对形势和问题要有准确的判断。党的十八届三中全会以后,各地区各部门,迅速行动,深入学习宣传全会精神,结合实际情况,制定和采取一系列改革举措,涉及经济体制、政治体制、文化体制、社会体制、生态文明体制和党的建设制度的方方面面,突出了凝聚全社会改革共识和合力,致力于推进国家治理体系和治理能力现代化,突出了使市场在资源配置中起决定性作用和更好发挥政府作用,突出了促进社会公平正义、增进人民福祉,突出了对社会热点问题的积极回应,行动快,指向准,落点实,反响好。看到成绩的同时,更要看到问题,辨明大势。贯彻落实三中全会精神,也存在一些值得注意的问题。有的地方、单位、干部,对三中全会精神理解不深、把握不准,对全面深化改革的艰巨性、复杂性、关联性、系统性,估计不足;有的对全面深化改革的重要性和紧迫性,认识不足,抓改革作风不扎实、工作不到位。随着改革的不断推进,对利益关系的触及将越来越深。因此,要有足够的思想准备。对改革进程中已经出现和可能出现的问题,困难要一个一个克服,问题要一个一个解决,既敢于出招,又善于应招,做到"蹄疾而步稳"。

其四,要有严谨的工作安排和工作步骤。中央深化改革领导小组的系统性安排是:(1)抓统筹。要求既抓住重点,也抓好面上;既抓好当前,也抓好长远;处理好重大关系,统筹考虑战略、战役、战斗层面的问题;做好政策统筹、方案统筹、力量统筹、进度统筹工作。(2)抓方案。全面深化改革总体部署已经有了,要抓紧出台施工方案,按照施工方案,推进各项改革举措落地。(3)抓落实。三中全会各项具体改革举措,要有时间表,一项一项地抓落实,以多种形式,督促检查、指导和帮助各地区、各部门分解任务、落实责任。(4)抓调研。加强对重大改革问题的调研,尽可能多听基层和一线声音,尽可能多接触第一手材料,做到重要情况心中有数。要推动各地区、各部门加强调研,加强对全面深化改革的调研咨询,注重发挥有关专家学者、研究机构的作用。

其五,要始终保持坚定正确的政治立场和政治方向。要牢牢地把握改革的正确方向,在涉及道路、理论、制度等根本性的问题上,在大是大非的面前,必须立场坚定、旗帜鲜明。要严格地按照规则和程序办事,坚持集思广益、民主集中,凡是议定的事,就要分头落实,就要不折不扣地抓出成效。要强化改革责任的担当,看准了的事情,就要拿出政治勇气来,坚定不移地干。要充分地调动各方面的积极性,改革任务越繁重,越要依靠人民群众的支持和参与;越要善于通过提出和贯彻正确的改革措施,带领人民前进;越要善于从人民的实践创造和发展要求中,完善改革的政策主张。

由如上介绍和阐释可见,中央深化改革领导小组的组织建设,及在此基础上进行的原则建设、工作部署、推进思路及自身建设等,实际上是一项宏大工程的多个创新体系的统筹构建。中央深化改革领导小组创新构建体系的率先垂范,给我们提供了一项创新构建体系法的集合性实例、探索性实践。

四、本方法的历史镜鉴宝典

创新构建体系,既可体现为外在的体制形式,也可体现为内在的思想规划。太平天国规划的政权体系蓝图《资政新篇》,就体现为对当时政权管理体系的创新构建。

《资政新篇》是太平天国干王洪仁玕向洪秀全提出的一个改革内政和建设国家的新方案,经洪秀全批准后,1859年(咸丰九年)正式颁行。虽然最终未能真正实行,但《资政新篇》具有鲜明的资本主义色彩,是近代中国先行人士最早提出的发展资本主义的近代化纲领,集中反映了向西方寻找真理和探索救国救民道路的迫切愿望。

《资政新篇》全文共分4部分:(1)用人察失,严禁朋奸;(2)革除腐朽习俗,如女子缠脚及吉凶军宾琐屑仪文等,提倡福音真道;(3)实行新的社会经济政策,仿效西方国家;(4)采用新的刑法制度。

其中"(3)实行新的社会经济政策,仿效西方国家"是全篇的中心。其列举了28条仿效西方资本主义制度的建议。主要有:

经济方面:①发展交通;②国家设立邮亭,办理邮政;③发展近代工矿生产;④兴修水利;⑤主张保护私有财产,鼓励私人投资,奖励技术发明;⑥开办银行和保险事业。

政治方面:①加强中央领导权;②普设乡官乡兵;③各省设置地位独立的"新闻官";④建立省、郡、县钱谷库和市镇公司(税收机关);⑤严禁贪污;⑥禁止私门请谒,杜绝卖官鬻爵之弊;⑦创立"罪人不孥"、刑止一身的制度;⑧重视群众意见。

社会方面：①成立士民公会；②开设医院；③兴办跛盲聋哑院、鳏寡孤独院和育婴堂；④查禁庙宇寺观和演戏修斋建醮，反对传统迷信；⑤禁止游手好闲，不务正业；⑥禁止饮酒及"一切生熟黄烟鸦片"；⑦禁止溺婴、买卖人口与使用奴婢；⑧屋宇应坚固高广、方正，不得雕镂刻巧，勿得执信风水。

《资政新篇》是先进的中国人最早提出的在中国发展资本主义的方案，或者说是中国第一个近代化纲领。太平天国的建国纲领体系，是一定历史时期的产物，但其创新的勇气和智慧，及其体系构成的内涵、体系构建的方法，都留下深刻启迪和诸多镜鉴。

第十三法　健全完善体系法

> **本法提要**

本方法的内含结构及介绍的主要内容是：其一，本方法的含义。作了方法基本含义的介绍，并举例分析阐述。其二，本方法的举例分析说明。以三中全会《决定》14条"健全宏观调控体系"为本法分析说明的重要举例。其三，本方法的拓展应用。以长江经济带发展为拓展应用举例。其四，本方法的历史镜鉴宝典。以北京城规划体系的设计、建设、改造变迁史为历史镜鉴宝典举例。本方法的阐述，与上法（创新构建体系法）的阐释相联系，两法呈现出宏观、中观体系相连，政治、经济体系对应，江河自然体系、城市建设体系、政权架构体系相互照应，最前沿的改革探索和古老的史料记载相比较，形成体系创新构建和健全完善的方法阐释。

一、本方法的含义

世间的事物，乃至人们的主观意识，往往成系统性成长，成体系性存在。所谓体系，是指由若干事物或某些意识互相联系、互相制约而构成的一个整体。随着改革的深化，社会的转型，经济发展方式的转变，我国各领域乃至总体构成的众多新体系渐渐生成。站在改革的前列，我们应取积极态度，引领、推进健康、积极的新体系的生成和健全完善。

体系的建设有两种基本方法：一是创新构建；二是健全完善。前者侧重创新，后者侧重完善。两者建设依据的基础状况不同，因此方法的着力也就不同。本法重在体系的健全完善。

有一则管理定律,可以为体系的健全完善提供某些参考,那就是木桶定律。木桶定律说的是:常识告诉人们,一只木桶盛水的多少,并不取决于竖立着构成桶壁的木板中的最高的那一块,而恰恰决定于最短的那块木板。人们总结这一规律,把它称为"木桶定律"或"木桶理论"。

从木桶定律的核心内容出发,可引出三个推论:其一,只有当木桶壁上的所有木板都达到足够高的统一标准时,木桶才能盛满足够多的水;只要这个木桶里有一块木板不够高,木桶里的水就不可能是满的。其二,木桶壁上,比最低木板高的所有木板的高出部分没有任何意义,高出越多,浪费越大。其三,要想提高一个木桶的容量,最有效且成本最低的途径是,设法加高其最低木板的高度。

与木桶定律相似的,还有一个链条定律:一根链条,其最薄弱的环节和其他环节一样承受着相同的强度,因此,链条越长,就越薄弱。

木桶定律用于现代管理,譬如组织管理——构成组织的各个部分的能力、效率等,往往是参差不齐的,而其中的劣质部分往往决定了整个组织的水平。虽然是"最短的木板""最弱的环节",但它也是组织中有用的一部分,只不过今天它比其他部分稍差一些而已。因此,你不能把它当作烂苹果扔掉,恰恰相反,你必须立即着手修补它。而这,恰恰是管理真意之所在。

同样的道理,天下没有绝对完美和固化的体系,因此,我们应敏锐地发现体系的短处、弱处,只要不是属于根本性质问题而需要彻底革新,我们就应借鉴木桶定律的阐述,立即去弥补短板,健全整体,实现体系的健全完善。

二、本方法的举例分析说明

本方法选择三中全会《决定》14条"健全宏观调控体系"为主例,加以分析说明。

(一)14条在三中全会《决定》中的位置

14条处在三中全会《决定》经济分论包含的第二至第七部分中的第四部分"加快转变政府职能"之中。第四部分包含3条,14条是该部分的第一条,即在"健全宏观调控体系"的前提下,进一步实现15条"全面正确履行政府职能"和16条"优化政府组织结构",从而达成这部分界定的"加快转变政府职能"的重任。

改革开放以来,我国在经济的宏观调控上,经历了国内外多次、多番的风波历练,既有主动的国内改革进取,也有被动的国际危机迫使;既有宏观范畴的探索,也有微观领域的试验,总之,已经积累了较为丰富的经验。但面对今天国内错综复杂的深化改革需要,以及国际风起云涌、险象环生的局势压力,急需大步提升我国宏观经济调控水平,所以,健全宏观调控体系的现实意义十分迫切,长远价值十分重大。

(二)14条的内容结构

三中全会《决定》14条,很好地体现了健全完善体系的框架、思路,依据之,作出如图13-1关于本方法结构的示意。

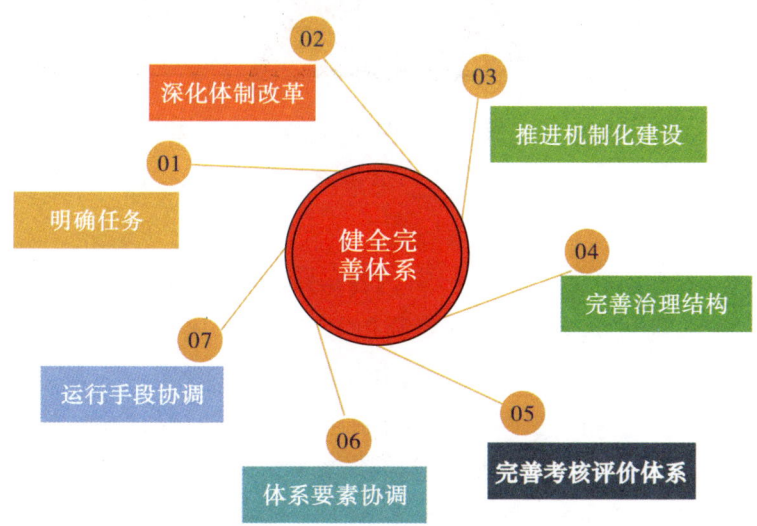

图13-1 健全完善体系法举例示意图

三中全会《决定》14条,对宏观调控体系的健全,在文本中用3个自然段阐述分析其内容结构,这里考虑提炼方法思路和结构框架的需要,分解成5

个方面予以表述:其一,宏观调控的主要任务;其二,健全宏观调控体系,推进机制化运用,加强手段协调;其三,形成参与国际协调的机制,推动治理结构完善;其四,深化投资体制改革,强化市场准入标准;其五,完善成果考核评价体系,建立统一经济核算制度。由此,即对健全我国宏观调控体系的内部要素,从需要在全局上纳入全面深化改革的角度做了全面的阐明。其中内含的构成要素、建设范畴、推进内容,清晰明了,既可供有关专业体系的健全完善参考,又可供其他相关体系的建设借鉴。(见图13-2)

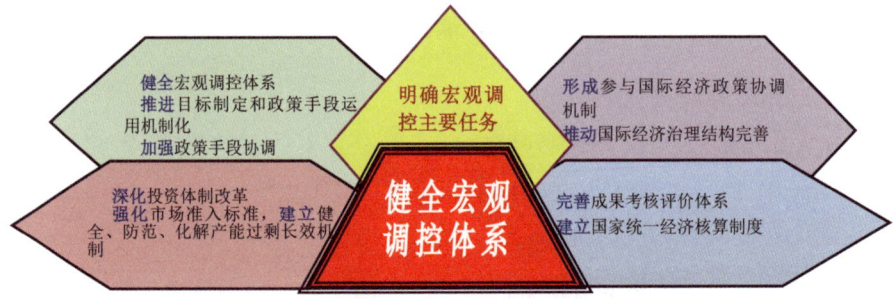

图13-2　健全完善体系法举例示意图Ⅱ

(健全宏观调控体系示意图)

其一,宏观调控的主要任务。其内容是,宏观调控的主要任务是保持经济总量平衡,促进重大经济结构协调和生产力布局优化,减缓经济周期波动影响,防范区域性、系统性风险,稳定市场预期,实现经济持续健康发展。

其二,健全宏观调控体系,推进机制化运用,加强运行协调。其内容是:健全调控体系,推进机制化,加强手段协调,健全以国家发展战略和规划为导向、以财政政策和货币政策为主要手段的宏观调控体系,推进宏观调控目标制定和政策手段运用机制化,加强财政政策、货币政策与产业、价格等政策手段协调配合,提高相机抉择水平,增强宏观调控前瞻性、针对性、协同性。

其三,形成参与国际协调的机制,推动治理结构完善。具体内容包含:

形成参与国际宏观经济政策协调的机制,推动国际经济治理结构完善。

其四,深化投资体制改革,强化市场准入标准。具体内容是:深化投资体制改革,确立企业投资主体地位。企业投资项目,除关系国家安全和生态安全、涉及全国重大生产力布局、战略性资源开发和重大公共利益等项目外,一律由企业依法依规自主决策,政府不再审批。强化节能节地节水、环境、技术、安全等市场准入标准,建立健全防范和化解产能过剩长效机制。

其五,完善成果考核评价体系,建立统一经济核算制度。具体内容是:完善发展成果考核评价体系,纠正单纯以经济增长速度评定政绩的偏向,加大资源消耗、环境损害、生态效益、产能过剩、科技创新、安全生产、新增债务等指标的权重,更加重视劳动就业、居民收入、社会保障、人民健康状况。加快建立国家统一的经济核算制度,编制全国和地方资产负债表,建立全社会房产、信用等基础数据统一平台,推进部门信息共享。

三、本方法的拓展应用

(一)健全完善体系法举例的联系思考

体系的健全完善与体系的创新构建紧密相联,因此,理解14条为代表的健全完善体系之法,需要与以20条为代表的创新构建体系之法联系思考,以实现系统理解和驾驭操作。

20条"加快构建新型农业经营体系",14条"健全宏观调控体系",以这两条为代表展示体系的创新构建和体系的健全完善,非常有代表性。前者针对我国农业经营体系的深化改革需要,提出一套较为成形的体系构建;而针对我国宏观调控体系已有一定基础和经验积累的前提,根据深化改革需要,而适时提出系统性的宏观调控体系健全建设。将二者联系理解,深化认识,推进建设,将启示多多。如再作扩充,联系12条"完善金融市场体系"、50条"完善公共安全体系"和40条"构建现代公共文化服务体系"以及39条"建立健全现代文化市场体系"等进行拓展思考,更会受益良多。

除了将体系的创新构建和健全完善的条目联系理解,还可就举例条目所处三中全会《决定》位置联系思考。另外,体系的健全完善和创新构建,离不开制度、体制、机制的支持和保障;更有五中全会《建议》关于"创新和完善宏观调控方式"等内容的进一步丰富,因此,要胜任全面深化改革背景下的体系建设,必须将之与必要的制度、体制、机制及方式等的建设统筹谋划,系统推进。

(二)健全完善体系法拓展应用举例

2014年9月12日,国务院印发《关于依托黄金水道推动长江经济带发展的指导意见》(以下简称《长江经济带发展意见》)。在经历改革开放30多年,乃至历史几千年建设的基础上,部署依托长江黄金水道而打造经济带。由此可见,长江经济带大体系的构建,是对既往已经存在的长江自然水系以及人为建设的若干小系统、小体系的整合,是对长江大系统的健全完善,因此成为拓展认识健全完善体系法的一个内涵丰富的实例。

长江经济带覆盖上海、江苏、浙江、安徽、江西、湖北、湖南、重庆、四川、云南、贵州等11省市,总面积约205万平方公里,面积超过全国的1/5,人口和生产总值均超过全国的40%。长江是货运量位居全球内河第一的黄金水道,在区域发展总体格局中具有重要战略地位。长江经济带,横跨我国东中西三大区域,具有独特的优势和巨大的潜力。尤其在当前国际环境深刻变化、国内发展面临诸多矛盾的背景下,依托黄金水道,推动长江经济带发展,对于促进经济增长空间从沿海向沿江内陆拓展,推动我国经济提质增效升级,缩小东中西部地区发展的差距,建设陆海双向对外开放的新走廊,培育国际经济合作竞争的新优势,全面建成小康社会,实现中华民族伟大复兴的中国梦,现实意义重大,战略意义深远。找准既有利于当前又能惠及长远的战略立足点,依托长江这一黄金水道,推动其加快释放"黄金效应",是意义深远的一招"妙棋"。

《长江经济带发展意见》,其内容分作8个部分,即:重大意义和总体要求、提升长江黄金水道功能、建设综合立体交通走廊、创新驱动促进产业转型升级、全面推进新型城镇化、培育全方位对外开放新优势、建设绿色生态廊道、创新区域协调发展体制机制,这8部分又细分为47条。

综观《长江经济带发展意见》，其建设的基本思路是：依托长江黄金水道，高起点、高水平建设综合交通运输体系，推动上、中、下游地区协调发展，沿海、沿江、沿边全面开放，构建横贯东西、辐射南北、通江达海、经济高效、生态良好的长江经济带。其重心是依托黄金水道，推动长江经济带发展，而推动的手段、方法，重在长江经济带体系的建立健全完善。

《长江经济带发展意见》确定的基本原则是：1.改革引领、创新驱动；2.通道支撑、融合发展；3.海陆统筹、双向开放；4.江湖和谐、生态文明。

《长江经济带发展意见》确定的战略定位是"四带"，即：1.具有全球影响力的内河经济带；2.东中西互动合作的协调发展带；3.沿海沿江沿边全面推进的对内对外开放带；4.生态文明建设的先行示范带。

由如上介绍可见，在中国经济新常态的背景下，要推动区域经济发展取得新突破，就必须要有更高级别的形态、更有力的抓手，形成更宏大、更完整、更系统的体系，予以建立健全完善，来推动区域的整合发展。

长江经济带具有独特的优势和巨大的发展潜力。《长江经济带发展意见》的实施，有利于将整个经济带更好地串联起来，增强要素整合的能力，形成大市场，促进区域发展新融合，适应中国区域经济联动发展大方向，同时也是宏观经济政策的一项重要创新。依托黄金水道，推动各相关区域，进行科学有效的布局，实现各个地区的比较优势快速转化为整个经济带的整体优势。

推动长江经济带的总体规划和发展，还可以促进行政审批环节的减少，促进市场门槛的降低，更好地形成统一的市场体系，有利于降低产业发展的成本，形成竞争的优势；通过加速资源的整合，培育技术创新和研发中心，形成强大的技术辐射区，为产业升级提供技术支撑。

长江经济带的发展，必将给我国中西部地区的城镇化发展，带来更多机遇和政策利好。中西部地区每一个城市的定位，可能变得完全不同，有些相对落后的城市，可能直接发展成为休闲中心、服务业中心，或者生态涵养地。因地制宜的差别化功能定位，将使中西部地区的城镇化，站在更高的层面，更加科学准确地进行发展定位，从而提升城镇化的质量和效率。

长江经济带的发展中,要真正打破行政区划界限和壁垒,首先就要构建促进区域协调发展的机制,避免各地区争着做老大的局面发生。其次,要按照顶层设计,制定相应落实方案,尽快出台相应时间表和路线图,把目标、任务和责任落到实处。最后,加快探索建立科学合理利益协调机制,制定科学合理跨区域GDP分计方式、税收分成方式、财政转移支付制度、生态补偿机制,以及公共服务成本分摊机制等,实现支撑大体系完善健全的体制、机制和制度的配套建设。

四、本方法的历史镜鉴宝典

健全完善体系的思维方法,体现并贯穿于社会管理各个领域的体系构建和总体规划。以深蕴着帝王皇权观念和长治久安理想的北京城区建筑格局为例,其规划体系在元明清三代不断健全完善,可以引发今天对各个方面体系予以健全完善的联想与启示。

明清北京城的前身为1264年营建的元大都城。大都城设计时曾参照《周礼·考工记》中"九经九纬""前朝后市""左祖右社"的记载,规模宏伟,规划严整,设施完善。但元代统治者的建都理念和规划蓝图,是由忽必烈任命博学而文化教养驳杂的汉人刘秉忠负责设计,交付蒙古族工匠操办营造的,故而元代首府大都(北京)的建筑群,既深受汉儒礼制思想和风水学说的影响,又掺杂不少如供忽必烈使用的毡帐(大蒙古包)之类蒙古族文化的因子。故而就人文理念体系而言,元代北京的城建格局,充其量是个半中国化的建筑体系。

明代第二任皇帝永乐(朱棣)将首都从南京迁往北京,并对元代的城建体系做了原则性调整:将城内街道由南北和东西向的通衢组成方格形,把全城划为多个城区。在长方形外墙内的中央部分,再建造一座长方形皇城。皇城西部由北向南修建三个人工湖,北面是人工营造的有五个主峰的万岁山(后称煤山)。此山最高的中峰象征着皇帝君临天下,皇权高于一切。在皇城内中央稍偏东又建一个规模较小的长方形紫禁城,紫禁城的重要宫殿,都排在整个城市南北向的中轴线上。紫禁城南方的东西两旁分别为太庙和社稷坛。社稷坛中心和四周的泥土分别配以黄与青、红、白、黑四种颜色,象征着"普天之下莫非王土"的天子治理四方的理念。

清代的北京城基本沿袭明朝北京城的格局,但仍对整体系统做了部分完善调整:在紫禁城内原有的文华、武英、太和、中和、保和等大殿之外,增建庋藏四库全书的文渊阁,进一步丰富了建筑体系中蒙汉文化融汇的成分;将明代皇城内的大量内廷供奉机构改为民居,又将内城的大量衙署、府第、仓库、草厂也改为民居。同时改内城为八旗居住区,令汉人迁往外城居住。另一方面,在北京城内修建了大量王府、黄教寺庙,并在城郊增建了号称"三山五园"的香山、万寿山、玉泉山,和分别建在三座山上的清漪园(颐和园)、静宜园、静明园,以及附近的畅春园、圆明园等皇家园林区。调整之后的城建格局,一方面丰富了城建文化内涵中的游乐消闲成分,更重要的是调整、改善了京城内"生齿日繁"局面下的供水系统。从而通过建筑体系的不断健全,把皇帝的崇高、皇权的神圣烘托到无以复加的地步,同时,也完善了城建体系的生活实用功能。

人类所有的活动和结果,都应纳入文化文明的范畴。元明清三代对北京城区建筑体系不断健全完善的过程,对历代文明、文化的发展研究,对当代推进全面深化改革中各种管理体系的健全完善,都有其内涵丰厚的历史借鉴意义。

第十四法　建立规则法

> **本法提要**

本方法的内含结构及介绍的主要内容是：其一，本方法的含义。由方法的基本含义和相关举例及分析构成。其二，本方法的举例分析说明。以三中全会《决定》9条"建立公平开放透明的市场规则"为本法分析说明的重要举例。其三，本方法的拓展应用。以我国创建自贸区的规则建设为拓展应用举例。其四，本方法的历史镜鉴宝典。以叔孙通帮助汉高帝建立朝廷礼仪规则，为历史镜鉴宝典举例，从而形成范围包括个人、市场、区域和政府，内容包含行事规则、市场规则、自贸区规则和朝廷礼仪规则的建立规则法的系统阐释。

一、本方法的含义

所谓规则，是指国家机关、社会团体、企事业单位对某一事项制定的规章制度，或规定出来供大家共同遵守的制度、章程。如交通规则、会议规则等。

由于建立和执行了良好的规则而导致成功的事例很多，相反，办事无规程，行事无章法，由之而致损失乃至失败的事例可能更多。《战国策》（秦策）有例，说的是名医扁鹊给秦武王治病的故事。秦武王请扁鹊治病，却又听左右的七长八短议论，干扰扁鹊诊治，以致秦武王的治病形成"与知之者谋之"的时候，却又让"不知者败之"的极端矛盾状态。如此治病会害死人，如此治国则会导致亡国。

治病必须建立治病的章法，治国必须建立治国的准则，这是常识。推进我国全面深化改革,首先要经得住常识的检验。譬如改革的出发点、落脚点是社会公平正义,是人民幸福;譬如,推进全面深化改革,就要建立适应改革发展的规则等。

在一般常识认识和遵循的基础上,面对空前的挑战,我们还必须有更深一层的认识和实践。改革开放以来,我国的经济生活、社会生活发生了翻天覆地的变化,旧的规则不断被打破,新的规则不断产生。但由于客观世界变化速度太快,由于人们欠缺对规则建设的必要理论积淀和经验积累,加上人们往往主观上更为偏爱物质,偏爱金钱以及社会风气浮躁,以致很多规则、规定、章程等,建设得快,废弃得也快。当然,这里也不乏有些规则的制定,本身就是搞花架子,搞形式,没有实际操作的价值;或者,缺乏科学、严谨的研究、论证,内容缺乏科学性;或者内容太粗略,缺乏操作性,以致制定的规则,出台的文件,很难付诸实施,最终流于形式,遭到弃置。

规则是行事的前提,是达成目的、实现目标的基础建设。因此,研究建设规则的方法,其重要意义不言自明。

二、本方法的举例分析说明

本方法以三中全会《决定》9条"建立公平开放透明的市场规则"为主例,并学习贯彻五中全会关于"加快形成有利于创新发展的市场环境"等中央决策精神,加以分析说明。

(一)9条在三中全会《决定》中的位置

9条处在三中全会《决定》第三部分"加快完善现代市场体系"内含的5条中的第一条,与其后的4条(10条"完善主要由市场决定价格的机制"、11条"建立城乡统一的建设用地市场"、12条"完善金融市场体系"、13条"深化科技体制改革"),共同完成本部分所界定的"加快完善现代市场体系"之重任。三中全会《决定》的第三部分用了5条,大大超出了平均每部分3.75条的均值,也是经济板块内含的6个部分,及三中全会《决定》全文包含的16个部分中的一个部分包含条数最多的(另有第九部分、第十二部分也是5条),足见第三部分在三中全会《决定》中的重要地位。而在此部分中,9条居首。显然,是以该条规则的建立,为后续4条阐述的主要由市场定价的机制、城乡统一的建设用地市场、金融市场体系、科技体制改革等的工作推进,立下章法,定下规则,从而保障现代市场体系的加快完善健全。

(二)9条的内容结构

进入9条内部构成内容进行分析、归纳、提炼,依据之,可形成如下关于建立规则的示意图(图14-1)。

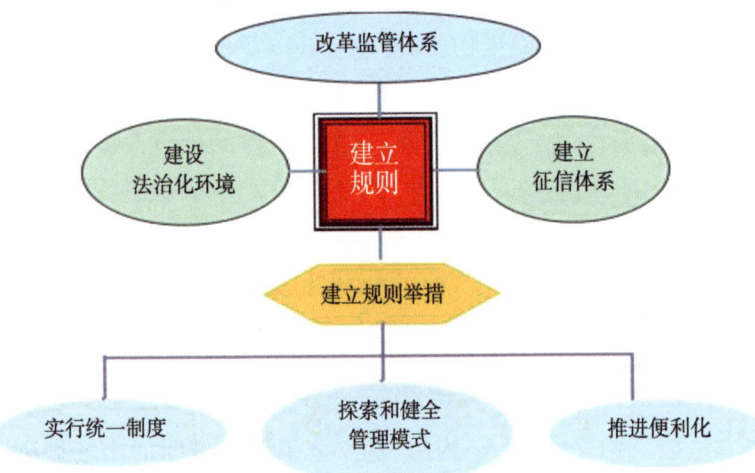

图14-1　建立规则法举例示意图

进入9条内部构成内容进一步细致分析可见,该条文本分作两个自然段,这里为便于理解、把握内容和总结、提炼方法,将该条构成分作5项内容予以阐释:其一,实行市场准入与市场化退出;其二,工商注册制度便利化;其三,建设法制化营商环境;其四,改革市场监管体系;其五,建立健全社会征信体系。他们的具体内容是:

其一,实行市场准入与市场化退出。该条可分作3点把握:(1)实行市场准入及负面清单制度。实行统一的市场准入制度,在制定负面清单基础上,各类市场主体可依法平等进入清单之外领域。(2)探索外商投资管理模式。探索对外商投资实行准入前国民待遇加负面清单的管理模式。(3)健全市场化退出机制健全优胜劣汰市场化退出机制,完善企业破产制度。

其二,工商注册制度便利化。其具体内容是:推进工商注册制度便利化,削减资质认定项目,由先证后照改为先照后证,把注册资本实缴登记制逐步改为认缴登记制。

其三,建设法制化营商环境。具体部署是:推进国内贸易流通体制改革,建设法治化营商环境。

其四,改革市场监管体系。具体部署是:改革市场监管体系,实行统一的市场监管,清理和废除妨碍全国统一市场和公平竞争的各种规定和做法,严禁和惩处各类违法实行优惠政策行为,反对地方保护,反对垄断和不正当竞争。

其五,建立健全社会征信体系。具体部署是:建立健全社会征信体系,褒扬诚信,惩戒失信。

上述5项内容,从准入制度、退出机制,到工商注册制度便利化,再到法治化营商环境,到市场监管和社会征信体系,形成了完善的市场规则,并且"公平开放透明"。这其中,还提出了内含丰富的创新性建设,如实行负面清单制度,更是对新规则的建立之法,提供了创新理论、创新实践的深度改革探索示范。(见图14-2)

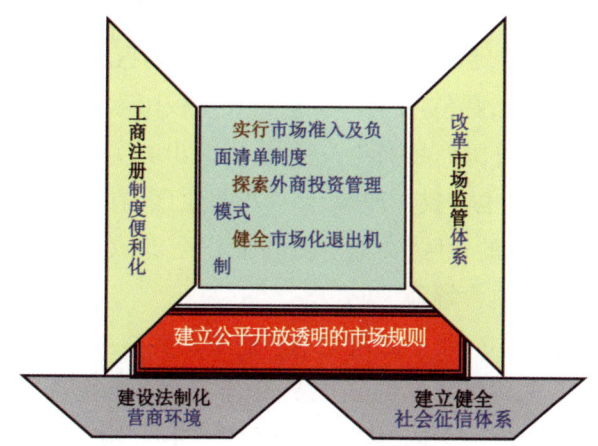

图14-2　建立规则法举例示意图Ⅱ
(建立公平开放透明的市场规则示意图)

三、本方法的拓展应用

(一)建立规则法举例的联系思考

"规则"和"方式"不同,"规则"给人的感觉总是沉甸甸的,不论是其形成过程,还是其内涵,都让人感到严肃、厚重。当然,尽管规则和方式确实不同,但这里并不是说"方式"就轻飘、就简单,只是就人们一般的感觉而言,而感觉并非真理。

游戏之前先要有规则,否则游戏无法进行,这是共识、常识。但无论规则的制定过程,还是规则内容的确定,都绝非易事。由此可见,由9条而研究关于建立规则之法的重要意义。

规则的建立,往往内含诸多体系、制度、机制和环境、条件及约束因素等的界定和建设,9条内含的这些内容,应与有关体系、制度、体制、机制等的建设之法相联系而理解,相参考而建设。从而使规则建立之法科学、合理、周全、严谨,保障规则的建设臻于完善。

(二)建立规则法拓展应用举例

自由贸易区创建,内含极为丰富、系统的规则建设,为建立规则法的拓展应用,提供了内涵十分丰富的实例。

所谓自由贸易区,是指由国家指定的交易贸易区,它是比世界贸易组织相关规定更加优惠的贸易安排。一般是在主权国家或地区的关境内外,划出特定区域,准许外国商品豁免关税,自由进出。实质上,是采取自由港政策的关税隔离区。也有狭义理解,是仅指提供区内加工出口所需原料等货物的进口豁免关税的地区,类似于出口加工区。广义理解的,还有包括自由港、转口贸易区等内含解释。

自由贸易区的成立,将不可避免地产生贸易转移。不同时间签订多个自由贸易协定,将使贸易转移更加复杂。由于有多个自由贸易协定,而它们的生效时间不同、过渡期不同、优惠安排的内容不同、伙伴国的比较优势不同,便可能会使贸易转移,多次、反复地发生。因此,这就需要协调各个双边贸易政策,以减少优惠贸易安排带来的损失,最终使正向的效率得到保障。这就需要一系列规则的系统、完善建设。譬如,完善的关税制度建设、原产地规则建设、服贸规则建设等。

而这些规则的建设,又有着相互制衡的作用。例如,原产地规则。所谓原产地规则,指一国根据其国家法令或国际协定确定的原则制定并实施的,以确定生产或制造货物的国家或地区的具体规定。为了实施关税的优惠,或差别待遇、数量限制,或与贸易有关的其他措施,海关必须根据原产地规则的标准,来确定进口货物的原产国,给以相应的海关待遇。原产地规则的主要内容,包括原产地标准、直接运输原则和证明文件等。其中最重要的是原产地标准。货物的原产地,被形象地称为商品的"经济国籍",原产地规则,在国际贸易中具有重要作用。但另一方面,必须看到,无论理论和实践都反复证明,原产地规则等的过度使用,又会使自贸区建设初衷目的减损,效率降低——这些极为复杂、微妙关系的认识和处理,为我们的建立规则之法,极大地丰富了理论和实践内容。

为了协调自由贸易区建设中的各方利益关系,世贸组织形成了一些规定,努力用建立规则法予以规范。

鉴于自由贸易区的客观作用,鉴于其在当今世界经济舞台的出色表现,更加经济全球化、区域经济一体化的强力推动,自由贸易区的发展,形势非常迅猛,范围已遍及各大洲,已是区域经济一体化的主要形式之一。其中,北美自由贸易区、东盟自由贸易区最为典型,还有中欧自由贸易区、欧盟—拉美自由贸易区等等。

我国大步推进改革开放,党的十七大把自由贸易区建设上升为国家战略,十八大提出要加快实施自由贸易区战略。党的十八届三中全会进一步提出,要以周边为基础,加快实施自由贸易区战略,形成面向全球的高标准自由贸易区网络。2013年8月22日,经国务院正式批准设立中国(上海)自由贸易试验区。这也是中国内地第一个自由贸易区,位于上海浦东境内。该试验区于2013年9月29日上午10时正式挂牌。2014年10月27日,中央深改领导小组第六次会议审议通过《关于中国(上海)自由贸易试验区工作进展和可复制改革试点经验的推广意见》。2014年12月,该自贸区由原先的28.78平方公里,扩至120.72平方公里。2015年3月24日,中共中央政治局审议通过了广东、天津、福建自由贸易试验区总体方案,进一步发展和深化了上海自由贸易试验区改革开放方案,使中国自由贸易区建设,迈上一个新的高度。

四、本方法的历史镜鉴宝典

历史上,叔孙通为新建汉王朝制定礼仪,使高祖刘邦被一帮患难兄弟折腾得喧嚣杂乱的朝堂,迅速转变为庄严肃穆的朝廷的例子,最能见出建立规则的方法及其发挥的重大作用。

叔孙通(?—约前194年),秦末汉初儒生,为秦二世时期博士。见秦将要灭亡,逃回薛地归附项梁。公元前205年,在彭城(今江苏徐州)转投汉军,被汉王刘邦拜为博士。

汉高帝五年(前202年),天下统一,刘邦当了皇帝,正可谓春风得意。但帮他一起打天下的那帮哥们,却时时闹得让他很不开心。他手下这帮人,大多出身市井江湖,如彭越、英布是盗贼头目,樊哙是杀狗屠夫,郦商是恶少首领,夏侯婴是马夫,张苍是罪犯,灌婴是睢阳布贩子,卢绾是刘邦童年惹是生非的玩伴,韩信是贫而无行的流浪汉……这伙人倚仗与刘邦多年征战的生死交情,在朝廷上,对刘邦依然是绿林盗匪、江湖无赖的做派。见了皇帝也没规矩,喝醉了拔出剑来乱砍宫中的柱子。刘邦对这种无法无天的行为头痛得要命,可是又不知道用什么方法来解决。于是叔孙通就建议由他来制定一套礼仪,规范上下级的关系。

这套礼仪参照了前代的做法,又针对刘邦集团中大多是文盲和流氓地痞出身的情况,注意简便易行。叔孙通把秦朝的严苛的仪礼法规全部取消,将夏、殷、周三代的礼节予以沿袭、删减和增加,拟定了一套简单易行的规矩文本。接下来,叔孙通征召了鲁地儒生30多人,和皇帝左右有学问的侍从以及叔孙通的弟子100多人,在郊外拉起绳子,表示施礼的处所;再立上茅草,代表位次的尊卑;然后进行演练。演习了一个多月后,叔孙通说:"皇帝可以来视察一下。"皇帝视察,现场让他们向自己行礼,认为可行。于是命令

拓展深化之法

群臣都来学习,在十月间进行岁首朝会的实际排练。

汉高帝七年(前200年),长乐宫建成,各诸侯王及朝廷群臣都来朝拜皇帝,参加岁首大典。礼仪从天刚亮开始:天刚亮,谒者就进入角色,开始主持礼仪。他们引导着诸侯群臣、文武百官,依次进入殿门。廷中排列着战车、骑兵、步兵和宫廷侍卫军士,摆设着各种兵器,树立着各式旗帜。谒者传呼"小步快走",于是所有官员尽速各入其位。功臣、列侯、各级将军军官,按次序排列在西边,面向东;文职官员,从丞相起依次排列在东边,面向西。九个礼宾官,从上到下地传呼。这时,皇帝才起驾,乘坐龙辇,从宫房里出来。百官举起旗帜,传呼引导诸侯王以下至600石以上的各级官员,依次毕恭毕敬向皇帝施礼。

如此威严、严谨的礼仪,使所有官员没有一个不因这威严仪式而惊惧肃敬的。到仪式结束,再摆设酒宴,诸侯百官坐在大殿上,全都敛声屏气地低着头,按照尊卑次序站起来向皇帝祝颂敬酒。斟酒九巡,直到谒者宣布"宴会结束"。活动结束后,监察官员执行礼仪法规,找出那些不符合礼仪规定的人,把他们带走。

叔孙通建立朝廷礼仪规则,把原本粗鄙野蛮、嘈杂混乱的"山寨厅堂",整肃为"汉官威仪",构成汉文化的一项重要内容,也为刘邦汉朝天下政权的稳固起到至关重要的作用。今天,叔孙通建立规则之法,为我们探索深化改革,创建新规则、修订旧规则,提供了一项珍贵的历史掌故和生动鲜活的成功实践。

图解方法话深改

第十五法 改进方式法

本法提要

本方法的内含结构及介绍的主要内容是:其一,本方法的含义。介绍了方法的基本含义,联系我国改革发展前沿实例作出阐述。其二,本方法的举例分析说明。以三中全会《决定》47条"改进社会治理方式"为本法分析说明的重要举例。其三,本方法的拓展应用。以我国转变经济发展方式为拓展应用举例。其四,本方法的历史镜鉴宝典。以《红楼梦》贾探春对大观园中花草树木管理方式的改进为历史镜鉴宝典举例。由此,形成宏观的社会治理方式、经济发展方式,微观的园林管理方式,并进一步展望了"互联网+"时代等方式改进类型多样的本方法的系统性阐释。

一、本方法的含义

所谓方式,指人的说话做事,或经济社会的运行、发展,或企业等的经营、成长所采取的方法和形式。如工作方式、企业经营方式、经济发展方式等。

随着我国改革开放的深入推进,大到国家发展方式,小到个人交往方式等,都发生了巨大的变化。如,适应经济社会发展形势的要求,我国转变经济发展方式,实施集约化、可持续的科学发展方式。而这一宏观发展方式的转变,推动了企业经营、人们行事、社会活动等众多方式的变迁。

现代科技的迅猛发展,同样给社会公民、政府、企业、单位等的活动内容、方式产生划时代的影响。其中,最有代表性的,就是互联网。而互联网的发展,已经到了"互联网+"的时代。

目前,"互联网+"时代已经来临,每个企业都要找到自己的"互联网+"。2015年3月5日,十二届全国人大三次会议在人民大会堂举行,国务院总理李克强在会上作政府工作报告时,提出国家要制定"互联网+"战略:"互联网+"使得互联网已经逐渐跳出一个行业的范畴,正成为国民经济的一大新引擎,对整个社会的经济、文化、环境和资源都产生着深远的影响。"互联网+"代表一种新的经济形态,即充分发挥互联网在生产要素配置中的优化和集成作用,将互联网的创新成果,深度融合于经济社会各领域之中,提升实体经济的创新力和生产力,形成更广泛的以互联网为基础设施的经济发展新形态。2015年6月24日,国务院常务会议通过了《"互联网+"行动指导意见》,明确了推进"互联网+",促进创业创新、协同制造、现代农业、智慧能源、普惠金融、公共服务、高效物流、电子商务、便捷交通、绿色生态、人工智能等若干能形成新产业模式的重点领域发展目标任务,并确定了相关支持措施。2015年10月,五中全会《建议》进一步强调:"拓展网络经济空间。实施'互联网+'行动计划。""互联网+"行动计划,将为大众创业、万众创新提供崭新的方式和环境。

本方法,侧重从方式的角度,如互联网方式,或"互联网+"方式等,研究方式变化的规律,总结提炼不断改进方式之法,其意义十分鲜明。

二、本方法的举例分析说明

本方法以三中全会《决定》47条"改进社会治理方式"为主例,加以分析说明。

(一)47条在三中全会《决定》中的位置

47条居于三中全会《决定》第十三部分"创新社会治理体制"之中,而第十三部分与第十二部分"推进社会事业改革创新"共同组成三中全会《决定》的社会分论内容。47条属于第十三部分内含的4条中的第一条,与其后的3条(48条"激发社会组织活力"、49条"创新有效预防和化解社会矛盾体制"、50条"健全公共安全体系"),共同完成本部分所界定的"创新社会治理体制"之重任。在此4条中,47条以"改进社会治理方式"居首,为之后的3条奠定基础、提供前提和作出牵引,同时,也对其他类似方式的改进、建设提供借鉴。

(二)47条的内容结构

进入47条内部构成进行分析,立刻可以看到,它可以为改进方式之法的建立和使用提供十分简洁明了的思路和结构(如图15-1所示)。

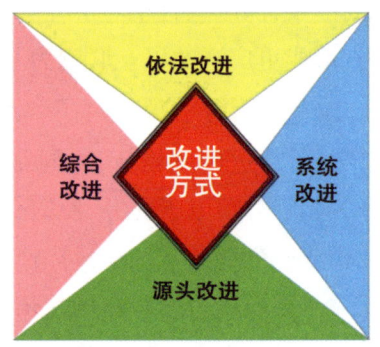

图15-1　改进方式法举例示意图

以改进社会治理方式为例,47条表述清晰,结构严谨:其一,系统治理;其二,依法治理;其三,综合治理;其四,源头治理。这4条思路和结构的具体内容是:

其一,系统治理。坚持系统治理,加强党委领导,发挥政府主导作用,鼓励和支持社会各方面参与,实现政府治理和社会自我调节、居民自治良性互动。

其二,依法治理。坚持依法治理,加强法治保障,运用法治思维和法治方式化解社会矛盾。

其三,综合治理。坚持综合治理,强化道德约束,规范社会行为,调节利益关系,协调社会关系,解决社会问题。

其四,源头治理。坚持源头治理,标本兼治、重在治本,以网格化管理、社会化服务为方向,健全基层综合服务管理平台,及时反映和协调人民群众各方面各层次利益诉求。

上述4条思路、结构或4个方面,涵盖了改进社会治理方式而需要纳入当今全面深化改革的系统性内容,也为从事类似方式改进工作提供了系统化思路及操作方法的参考样板。(见图15-2)

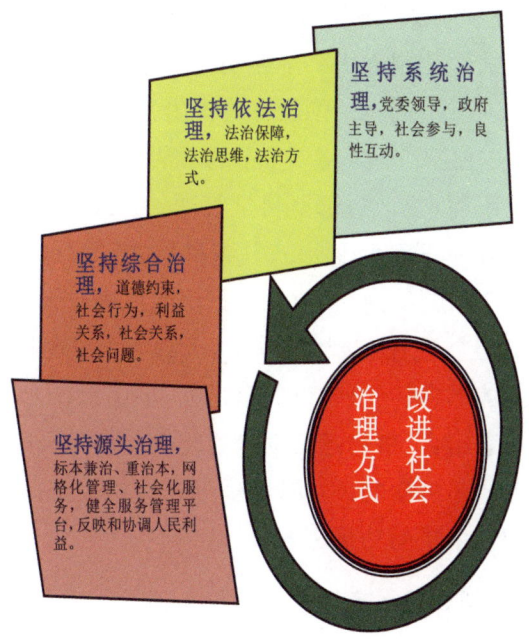

图15-2　改进方式法举例示意图Ⅱ

(改进社会治理方式示意图)

三、本方法的拓展应用

(一)改进方式法举例的联系思考

"方式",这个看起来很轻、细细思考却又很重的一个词汇,其内涵其实十分丰富,小到一个人的具体行为方式,大到一个国家的整体经济发展方式,真是上接天、下触地,大到极巨,小到极微;而再看事物运行、动作起来,方式不同,效果又迥异。乍看似乎小小的"方式",变化起来,竟至奥妙无穷。研究"方式"不易,研究"方式"价值不小,尤其在我国现阶段,发展快速,变化迅猛,没有好的方式选择和建设,可能会事倍而功半,甚至目的和行为发生南辕北辙之异。

三中全会《决定》60条,标题以"方式"命名的虽然只有一条,但进入各条内容细细阅读可见,"方式"不仅多处出现,而且出现的方式常常非常灵活。如"特许经营方式""法制方式",是强调特定方式本身;"农业经营方式创新",是强调方式的变革、创新;"创新方式走出去",强调的则是以创新方式而谋求开拓。方式在三中全会《决定》中的灵活运用,还有一些其他的表现。如,同"方法"联用,"探索改进部队科学管理的方式方法";以近似的"形式"来表述,则有"基本形式""特种形式""各种形式"等。由这些灵活的表述,可以精深和拓宽"方式"的内涵,放大本方法的运用效果。

方式的创新与改进,往往与制度、体制、机制等紧密相联,而且它常常频繁地体现于制度、体制、机制等建设的全过程、多层次、多方位、多要素之中,尤其是在多种要素组合、事物运行动作之际,更是方式频频变化和机动体现之时。总之,方式是多变的,适应性是多面的,积极探讨和运用改进方式之法,可对工作起到事半而功倍之效。

(二)改进方式法拓展应用举例

转变经济发展方式,其内含的改进方式的系统性建设,为改进方式法的拓展应用,提供了一个内涵丰富、现实意义重大的实例。

转变经济发展方式,这应该是我国当今社会宏观经济,乃至整个社会,关于方式转变、方式改进的最热之词。

所谓经济发展方式,或曰经济增长方式,是指一个国家(或地区)经济发展(增长)的实现模式,其可分为两种形式:粗放型发展和集约型发展。根据总量生产函数的分析和资本产出弹性与劳动产出弹性来计算,可将一个时期经济增长率进行分解,解析成由生产要素投入量增加导致的经济增长,和由要素生产率提高导致的增长。如果要素投入量增加引起经济增长比重大,这就是粗放型发展方式;如果要素生产率提高引起经济增长比重大,这则是集约型发展方式。但要注意的是,如要细致分析这两种经济发展方式,则要看到,它们之间的区分只是相对的,不是绝对的,二者有时还是互相交叉的。国家、地区不同,经济结构不同,乃至社会文化及资源禀赋等因素不同,经济发展道路上的转变方式会有千差万别的具体表现。

所谓转变经济发展方式,是指:经济发展的方式由不可持续性的发展向可持续发展转变;由粗放型发展向集约型发展转变;由出口拉动型发展向出口、消费、投资协调型发展转变;由结构失衡型发展向结构均衡型发展转变;由高碳经济型发展向低碳经济型发展转变;由投资拉动型发展向技术进步型发展转变;由技术引进型发展向自主创新型发展转变;由第二产业带动发展向三大产业协调发展转变;由忽略环境型发展向环境友好型发展转变;由"少数人"先富型发展向"共同富裕"型发展转变。

加快经济发展方式转变,涉及众多领域和环节,是一项复杂的系统工程。从认识论的角度说,思想是行动的先导,加快经济发展方式的转变,必先转变思想观念和思维方式,即首先要把思想方法搞对头。为什么要转变经济发展方式?改革开放以来,中国经历了长达几十年的高达两位数的经济增长,把一个历史上一直被西方看做贫穷落后的中国,一下子提升到中等发达国家水平。这一丰功伟业,彪炳千秋。与此同时,我们应该客观地看到,多年快速发展,也积累下巨量的矛盾和问题。不论从推动我国经济发展和人口、资源、环境相协调,实现我国经济可持续发展来看,还是从维护中国经济安全、提高中国经济的国际竞争力来看,以及从当今中国的发展回顾、审视与前瞻分析,转变经济发展方式,都已是一个不容回避、不容迟延的严峻问题。

实现经济发展方式的转变,主要应努力做好如下几个方面的工作。

其一,实施创新驱动发展战略。要加快科技进步,提高科技进步对经济增长贡献率。经济实现集约增长的实质是低投入、低消耗、高产出、高效益,而这其中的关键取决于科技进步。目前,已有很多地区和企业,迈开了科技创新的步伐,并且已有显著成效。但从全国、全局来看,任务仍然艰巨。

其二,全面深化经济体制改革。我国在转变经济发展方式上,走的还不够快,这一方面是因为现阶段传统发展方式仍有发展空间,另一方面更重要的是,现有体制机制还不足以推动经济摆脱原有路径,而转向新的发展轨道。要不失时机,紧紧抓住有利机会,大力推进重要领域和关键环节的改革。

其三,推进经济结构调整。一方面,要坚持扩大内需战略。巨大内需潜力是我国经济发展优势所在,要突破体制机制的障碍,建立起促进消费、扩大内需的长效机制,一定要把巨大的内需潜力释放出来。另一方面,必须加快推进产业的转型升级。要发挥投资的导向作用,推动产业的转型升级;要继续发挥我国的比较优势,用先进的适用技术改造和提升传统产业,提高传统产业的整体素质;适应制造业的转型升级和居民消费结构的升级需求,鼓励发展现代服务业;加快培育发展战略性新兴产业,构建创新型价值链,提升产业的核心竞争力。

其四,坚持改革开放。"改革开放",是三中全会《决定》第一条的开篇首用之词。新的国际形势下,要坚持进一步扩大开放领域,拓展开放空间,提高开放质量,完善开放型的经济体系。

其五,加快完善现代市场体系。实现集约型经济增长的微观基础,是有效的市场竞争,因而,完善市场体系、市场结构,是实现经济增长方式转变的重要支撑体系、支撑结构。在继续加强和改善宏观调控的同时,必须高度重视完善市场机制,形成公平竞争的市场环境,使各类市场主体的发展活力和创新潜能,得到充分释放。

其六,推动城镇化发展。推动城镇化发展,统筹城乡发展,必须在推进工业化城镇化的同时,大力推进农业现代化,加快社会主义新农村建设,促进城乡一体化发展。

其七,大力提高劳动者素质。提高劳动者素质,是实现经济增长方式转变的根本所在。世界银行研究显示,劳动力受教育的平均时间每增加1年,GDP就会增加9%。从已经实现经济增长方式转变的国家和地区来看,在经济增长方式实现成功转变时,它们的人口受教育程度都普遍较高。因此,我国当前要深化教育和科技体制改革,积极探索创新人才的培养和激励机制,努力造就高素质的劳动者与人才队伍。

四、本方法的历史镜鉴宝典

古代小说名著《红楼梦》第56回,描述贾探春对大观园中花草树木管理方式的改进,曾引起各阶层读者的共鸣与感慨。对今人而言,尤其是联系改进方式的话题以及协调各方面利益关系的举措,颇值得联想深思。

探春在李纨、宝钗的协助下,临时接管了凤姐因身体不便而转交的大观园管理大权后,她一方面革除了一系列沿袭已久的公子小姐及其身边丫鬟们的重复开销;另一方面的大动作,就是改进园中花草树木的管理方式,使得在管理效率和经济效益上明显提升,体现出一个颇有政治家风度的另类贵族小姐形象。

有一次,探春到贾府奴仆出身的小官吏赖大家吃年酒,看到赖家规模不大的花园,却管理得井井有条。又打听到,其园子的管理不仅不必花费任何开销,而且每年还有收益。联想到贾府的大观园,不仅管理混乱,没有分毫收益,而且每年反倒要开销四五百两银子的管理费,最终还落个怨声载道。由此她意识到:必须改进贾府花园的管理方式。因为赖大家那么个小园子,竟然还有人包了去,除他们戴的花,吃的笋菜鱼虾之外,一年年终竟然还足有200两银子的盈余。贾府这园子只算比他们的多一半,加一倍算,一年也会有400银子的收益。分析贾家与赖家花园,条件优劣悬殊,而管理效益却和条件存在反向逆差,其症结就在管理方式,所以贾家花园现行的管理方式必须改进。那就是借鉴赖家的管理方式,以革除贾府之弊,振兴贾府之利。其改进贾家花园管理方式的依据、方案、预期目标与预期效果分别是:

(一)改进管理方式的依据

1.条件反差:赖家——园子没贾府的一半大,树木花草也少;贾家——园子少说比赖家的大一倍。

2.管理结果逆向悬殊:赖家——年终足有200两银子剩;贾家——花费

不过是各处使用的笤帚、撮簸、掸子并大小禽鸟、鹿、兔吃的粮食,每年却要从账房支出四五百两银子。

3.形成逆向悬殊的原因:赖家——外部承包,缴纳租金;贾家——内部统一管理,计划拨款。

(二)改进管理方式的方案

1.借鉴赖家的管理方式,将现行的内部统管、分配经费,改为个体承包,缴纳租金。

2.借鉴赖家方式时,又根据贾府与赖家的门户声望的差异,在不影响管理效益的前提下,对赖家方式作了有利于维护贾府体面的调整:将赖家的全流程外包管理,改为有条件的内部承包管理。

3.将内部承包所有资源的收益,归承包者所有,且不要承包者缴纳租金,而只是象征性地年终凑份子,不拘多少出一点,作为"孝敬"。

(三)改进管理方式后的效果

1.贾府每年省去四五百两银子的计划内开销;

2.将花园的管理与承包者个人利益挂钩,使承包者为了自身利益而积极主动严格管理,把园子整理的整齐洁净,分外精神;

3.经薛宝钗的参谋提议,将承包者年终的凑份子钱,分给大观园内未参加承包的其他奴仆,以小惠顾全大体,使得全体男女仆人皆大喜庆,欢声鼎沸。

4.薛宝钗乘机对受惠的众人晓以"大义",并以责任、利益和个人尊严(脸面)加以劝勉,恩威并用,使众人知身份、知进退、知感恩、知职责,从此更加尽心尽力,园子面貌焕然一新。

下　篇　特色实践之法

全面深化改革的火热实践，对改革目标的热切期盼，充满着对有用之法的渴求。方法的效用，需要通过实践的检验。各具特色的实践，验证着各类不同的特色实践之法。

特色实践之法，与前两类方法的归类不同，逻辑推进之法，侧重全面深化改革的全局或重点的层层深入的推进；重点拓展、深化之法，侧重深化改革、建设的重点，如制度、体制、机制等的创新构建或健全完善；特色实践之法，则重在从改革发展实践的角度，以处于深化改革年代，极具特殊性，同时兼有一般性的实践为基础，而提炼成此类有代表性的3个方法。之所以仅选3个，只因处于全面深化改革年代，社会实践丰富多变，以3例为示范，说明作者的思路；同时留出广阔的创造空间，寄希望于广大读者朋友，探索更丰富的实践，实现更多彩的方法创造、创新。

本篇所含资源配置法，对中国社会主义市场经济建设，具有普遍的价值；对一般工作也具有规律性和实践性指导意义。这里所说的资源，含义广泛；所说的配置，既追求均衡的状态，更以积极的价值观为前提、为根本、为指导。该法对推进全面深化改革追求的市场价值、政府作用及其他相关机构、人员诉求的实现，均具有积极意义。正确履职法(或科学用权法)，与使市场在资源配置中起决定性作用相对应，重点强调用此法推进政府、政府官员的科学用权、正确履职意识的建树、能力的增强、水平的提升，最终实现科学用权、正确履职。底线控制法，则是基于改革年代，风险多多，为减少风险损失，降低改革成本，保障全面深化改革成效，而依顶层设计的战略思维和坚韧务实的实践需要,推出该法。从而,啃硬骨头也好,涉险滩也罢,有了底线的保障,深化改革大势可控。再作3法系统思考,即履职用权正确、资源高效配置、底线控制无忧,则全面深化改革将一往无前。

　　由此看到,3个方法之间联系极为密切,不仅如此,它们与前述15法也有着多角度、多层次的关联。所以,实际运用这些方法,既要对单个方法精确理解、运用,同时还应进一步实现多法联合运用,或依一法为主兼用他法,或多法融合合力施法,或由老法推出新法,或由新法升华老法,实践丰富多彩,实践永无穷尽,特色实践之法,天地广袤,法海无边,法力无穷。

第十六法　资源配置法

> **本法提要**
>
> 本方法的内含结构及介绍的主要内容是：其一，本方法的含义。介绍了方法的基本含义，并以历史小故事展示了方法含义理解的不同角度。其二，本方法的举例分析说明。以三中全会《决定》22条"推进城乡要素平等交换和公共资源均衡配置"为本方法分析说明的重要举例。其三，本方法的拓展应用。以谋划中国装备走出去和推进国际产能合作为拓展应用举例。其四，本方法的历史镜鉴宝典。以《史记》记载的田忌赛马故事为历史镜鉴宝典举例。由此，形成个人和整体联动、城乡相互结合、国内外拓展、古今联系的资源配置方法的阐释。

一、本方法的含义

资源配置是指在一定的范围内，社会对其所拥有的各种资源在用途上加以比较之后，在不同用途之间作出的分配。中国古代自然资源配置的观念，从文明初期就已经彰显，通过千年探索积累，达到"天人合一"的境界。因此，这里所说的资源、资源配置，是一个很广的概念，全面研究运用资源配置法，常常会涉及这一概念范畴。

一般说的资源优化配置，主要偏重在经济方面，是指在市场经济条件下，不依据人的主观意志，而是由市场根据平等性、竞争性、法制性和开放性的一般规律，通过价值规律来自动调节供给和需求双方的资源分布，用"看不见的手"优胜劣汰，从而自动地实现对全社会资源的优化配置——这说的是市场经济的一般规律。

综观现实,宏观经济社会资源配置的手段主要有两个:一个是政府计划;一个是市场调节。党的十八届三中全会指出,要使市场在资源配置中起决定性作用和更好发挥政府作用,由此,使市场配置资源的作用,从上世纪90年代初确定的"基础性"作用而上升到"决定性"作用;同时政府要更好地发挥作用,如有序放权、正确监管和准确弥补市场失灵等。

资源配置的效率、水平,决定着一个国家或地区经济社会的进步速度和水平状况。效率有注重短期、中期、长期之分,单凭市场之手,可能偏重短期效益;而依据人民利益,则要长、短兼顾。中国已达到中等发达程度,国内生产总值已经世界排名第二,更要注重中长期可持续的人民利益的久远价值追求。

我们所追求的资源配置,是立足于全局并兼顾局部的,立足于长期并兼顾中短期的,所追求的是科学、可持续、积极、均衡的资源配置。因此,资源配置之法,既要强调均衡,更要强调积极、科学,是积极的科学的资源均衡配置。譬如面对当今严重的环境污染,在资源配置时,绝不能面对诸多难题,就消极地沿用旧有的经济发展方式而发展经济,必须以攻坚克难的积极态度和勇气,攻克制度、体制、机制以及技术等难关,转变经济发展方式,采取积极的资源均衡配置,实现科学、可持续、本质在提升人民福祉的经济发展。

关于积极的资源配置,本方法后边将介绍的分析说明举例、拓展应用举例和历史镜鉴宝典举例内容均有体现,这里,对寻求积极的资源配置,选取另一角度先举一例——毛遂自荐。据《史记·平原君列传》记载,毛遂在得不到别人举荐,得不到重用的情况下,毅然自荐,并出色履行使命,使自己的素质、才能得以展现,使资源的潜能得到发掘。为了资源的高效配置而"内举不避私",当是本处举例的内中之意,其既是历史上个人气度的体现,也是当今深化改革时势的要求。

笔者在这里向读者朋友推荐被人誉为保障成功者成功的四句箴言:"有勇气,去改变能够改变的事情;有胸怀,去接受不可改变的事情;有智慧,来分辨以上两者的不同;有行动,去勤于实践以上的认知。"这四句话中的前三句,中国科技大学、南方科技大学前校长朱清时院士,在教育学生的讲话中反复强调;成功人士李开复,在《做最好的自己》一书中,反复推荐和细致阐述。对于他们的推荐、阐释,笔者心存感激,并多年来坚持宣传和认真实践。近年,总结笔者躬身实践体会,建议增加最后一句,以使内容更臻完整、完善,同时,也使这里讨论的资源配置之法,进入人的行为和内心,进入一个躬身实践的境界。

二、本方法的举例分析说明

本方法以三中全会《决定》22条"推进城乡要素平等交换和公共资源均衡配置"为主例,以24条"放宽投资准入"等为辅例,加以说明。

(一)22条在三中全会《决定》中的位置

22条处在三中全会《决定》第六部分"健全城乡发展一体化体制机制"内含的4条中的第三条,与其前的20条"加快构建新型农业经营体系"、21条"赋予农民更多财产权利"及其后的23条"完善城镇化健康发展体制机制"共同完成本部分所界定的"健全城乡发展一体化体制机制"的任务。作为本部分第三条的22条,为三中全会《决定》的本部分内容及其前后三条起到要素在城乡间实现平等交换和公共资源实现均衡配置的基础性作用。

(二)22条的内容结构

进入22条内部构成进行分析可见,该条文本只有一个自然段,内含内容清楚,依据之,可对资源配置之法作出如图16-1所示。

进一步分析22条,可将其内容大体分解成3个方面作出阐释:其一,维护农民权益,保障金融支持;其二,健全保护体系,改革补贴制度,完善补偿、保险制度;其三,鼓励社会投资,允许兴办事业,统筹城乡发展。这3方面包含的具体内容是:

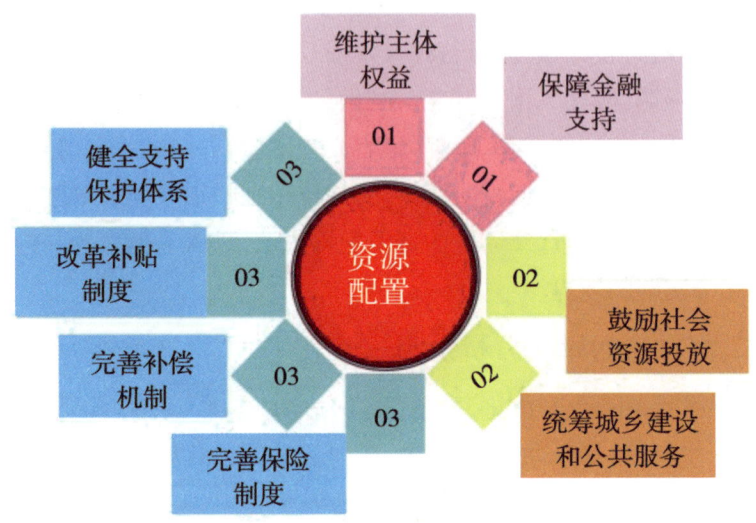

图16-1 资源配置法举例示意图

其一,维护农民权益,保障金融支持。维护农民生产要素权益,保障农民工同工同酬,保障农民公平分享土地增值收益,保障金融机构农村存款主要用于农业农村。

其二,健全保护体系,改革补贴制度,完善补偿、保险制度。健全农业支持保护体系,改革农业补贴制度,完善粮食主产区利益补偿机制。完善农业保险制度。

其三,鼓励社会投资,允许兴办事业,统筹城乡发展。鼓励社会资本投向农村建设,允许企业和社会组织在农村兴办各类事业。统筹城乡基础设施建设和社区建设,推进城乡基本公共服务均等化。

这3项内容,对推进城乡要素平等交换和公共资源均衡配置,进行了权益的维护和相应体系、体制、机制、制度等的改革、建设,同时鼓励社会支持,调动兴办事业,统筹城乡发展,从而实现了城乡要素平等交换和公共资源均衡配置。通过此范畴的工作,为其他相关、类似的资源均衡配置提供了示范。(见图16-2)

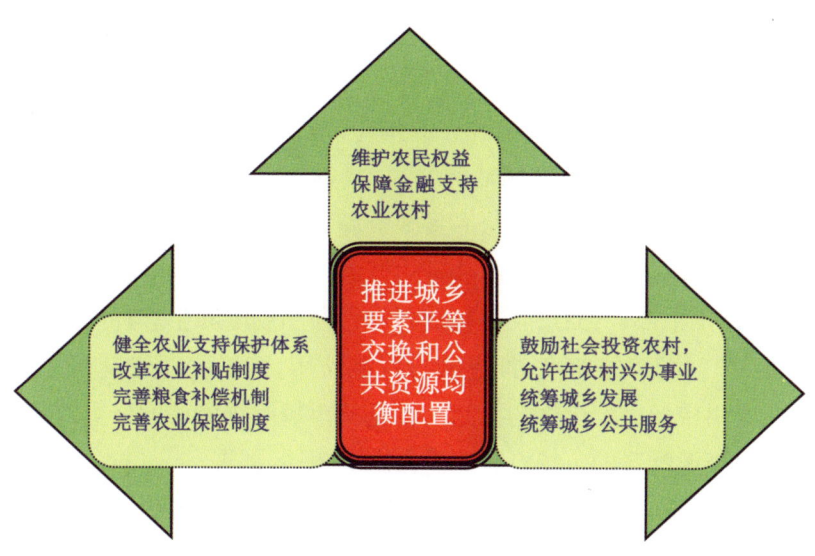

图16-2　资源配置法举例示意图 Ⅱ

（推进城乡要素平等交换和公共资源均衡配置示意图）

三、本方法的拓展应用

（一）资源配置法举例的联系思考

三中全会《决定》22条，为我们展示了城乡要素平等交换和公共资源均衡配置，但仅此的资源配置，面对中国改革开放，面对当今需要在世界范围寻求资源配置的战略视野，还远远不够。五中全会《建议》指出："推进双向开放，促进国内国际要素有序流动、资源高效配置、市场深度融合。"因此，本方法学习贯彻五中全会精神，并选择三中全会《决定》24条"放宽投资准入"作为辅例，以实现22条、24条的联系理解和综合运用。

分析24条可以看到，其对所处的三中全会《决定》第七部分"构建开放型经济新体制"起到建立基本框架和明确原则、前提的作用，其后的25条"加快自由贸易区建设"，对其自贸区试验内容起到深化、细化的作用；26条"扩大内陆延边开放"，则呼应其扩大国际投资合作，使我国在深化改革背景下的开放,实现对外、对内的同时开放,达成国外、国内统一运筹的积极的资源均衡配置。

三中全会《决定》关于资源配置的阐述,内容十分丰富,涉及范围很广,例如在条目上,除已作主例和辅例的22、24条,另有11条"建成城乡统一的建设用地市场",对建设用地这一紧缺资源在城乡间实现统一配置的市场建设,作出了部署;26条"扩大内陆延边开放",对国内的内陆和延边资源的开发开放作出了部署;53条"实行资源有偿使用制度和生态补偿制度",则从"有偿"和"补偿"的角度,推进实行资源使用、配置制度建设;还有10条"完善主要由市场决定价格的机制",更是从市场配置资源的最重要的价格机制上,对资源配置的市场机制建设作出了阐述、部署。

由上述可见,虽然在三中全会《决定》文本中,标题名称词语直接标明"资源配置"的条目只有22条这一条,但细读阐释,或直接,或间接,或内含基础,或目标追求,其表现内容丰富,覆盖范围广泛,这也是我们以此提炼成一种特色实践之法的原因。

综观三中全会《决定》诸条,对要素的平等交换,资源的积极配置、均衡配置,包括面对国内城乡统一的市场建设,包括面向世界的投资准入等等,为资源配置法的运用,展示了一幅极为壮观的城乡统一、全球视野、积极、均衡的资源配置效果蓝图。

(二)资源配置法拓展应用举例

"'中国制造'意味着低质量的时代已经结束。"德国铁路公司的一位董事如此评价。事实上,中国的机车车辆制造企业正在为美国波士顿制造地铁列车,德国铁路公司正在准备购买中国列车。世界上的这两个制造业强国的举动,很有代表性意义。中国装备走出去和推进国际产能合作的实践,为资源配置法的拓展应用,提供了一个内涵丰富的实例。

改革开放30多年,中国积累了大量的技术、装备和资金,一方面,要继续推进国内建设,但对仍然还会巨量过剩的产能将向何处去?对当今中国的进一步发展,是个考验。输出产能,这是普遍给出的回答。但如何输出,面临很多很多的挑战。如何遵循我们承诺的合作共赢理念，既实现我们产能的输出和释放，同时造福被输出国的发展，实现双赢，甚至多赢，也就是推动资源在全球的积极科学有效配置，推进相关国家的双赢、多赢，这就是我们需要做出努力的艰难探索。

为了这一探索的实施和追求目标的实现，我国近年出台了一系列政策，予以导向。习近平、李克强更亲力亲为，频频走出国门，宣传推介，接见商谈，李克强总理甚至宣称自己就是中国高铁走出国门的推销员。2015年4月初，李克强主持召开由外交部、发展改革委、商务部、中国信保公司、中国铁建、中广核集团等单位负责人参加的"中国装备走出去和推进国际产能合作座谈会"，进行了系统、全面的专项深入研究。

我国经济发展进入了新常态，面临许多新的机遇、新的挑战，要实现我国的中高速增长，推进我国迈向中高端水平，我国的对外开放必须要上新台阶，我国在全球的资源配置必须要上新水平。要在努力推动我国外贸转型、有效利用外资的基础上，加快中国的装备走出去和推进国际产能合作，这是追求实现我国经济提质增效升级的重要举措，这将有利于培育对外开放新优势，有利于推动形成优进优出开放型经济新格局，推进中国经济与世界经济在更高层次上深度融合。

面对当前世界经济艰难复苏的严峻形势，我们应该推动各国同舟共济，不断扩大利益的汇合点，用合作去推动平衡，用创新去谋求发展。目前，许多国家对基础设施建设和推进工业化的需求量很大，而我国的很多装备和产能质优价廉，综合配套能力很强。支持中国的装备走出去和推进国际产能的合作，在扩大我国产品进出口的基础上叠加产业出口；不仅注重消费品的出口，更注重投资品的出口；既追求利当前，更追求惠长远；秉承既定理念，实现各方共赢。这将有助于顶住经济下行压力，拓展我国发展新空间；有利于相关国家的加快发展，扩大就业；并可为中国与发达国家的合作开拓第三方市场，创造更多机遇。

如何实现中国装备能够走得出，国际产能合作能够实现共赢，实现我国这类资源在世界范围的科学配置？其关键是要完善政府推动、企业主导、商业运作的这种合作机制。这就要求:(1)深化改革。对我国政府来说,除少数必须经过批准外,其他的境外投资一律取消项目核准,实行备案管理,清理取消束缚对外投资各种不合理的限制和收费,让企业放开手脚地去闯世界,使产业在国际同台竞争中实现不断升级。(2)市场运作。企业为主导,依照商业原则,灵活地运用境外经贸园区、工程总承包、第三方合作等多种多样的"出海"模式,做好国内产能与国外市场对接,更好地契合不同地区,尤其是"一带一路"沿线国家需求。(3)质量和信用。我国企业尤其要用讲信誉、守规则、重质量、铸精品的行动和成效,将中国的装备和国际产能合作打造成靓丽的国家新"名片"。(4)大企业和中小企业优势互补、协同推进,构建全产业链的战略联盟,依靠整体的优势增强国际市场开拓能力。

与上述举措同时,推动我国的装备走出去和实现国际产能合作,金融服务必须同步跟进。这其中主要要做到:其一,拓宽外汇储备的运用渠道。通过定向发行专项债券等方式,对重点合作项目提供更多的融资服务。其二,在加强风险防范的前提下,更好地发挥多种、多项优惠贷款的作用,扩大支持国别范围和行业领域。其三,破除商业融资的障碍。推动中资金融机构的海外网点建设,支持企业以境外之资产、股权等权益为抵押,开展各种贷款,探索境外发债的备案制,鼓励开展公私合营项目的贷款业务等。其四,努力发挥好财政资金引导作用。其五,扩大出口信用保险的覆盖面。增加中长期的信用保险、海外投资险的规模,在基础费率、承保期限等多方面提供更好的服务。

五中全会《建议》指出:"加快建设制造强国,实施《中国制造二〇二五》。"加快装备走出去和推进国际产能合作,实现资源在全球的科学配置,是一篇大文章,我国已经迈开步伐,并开始初显成效。必须坚持立足对外开放的大局,坚持互利共赢的原则,坚持统筹谋划,防止一哄而上、恶性竞争,加强防范多种风险。要实现各部门间的相互配合,在信息、税收的国际合作、维护企业的合法权益等方面提供更好的服务,确保我国装备走出去和推进国际产能合作这项工作有序有力推进,使资源配置水平迈上一个崭新的世界舞台。

四、本方法的历史镜鉴宝典

《史记》卷六十五《孙子吴起列传第五》所载田忌赛马的故事,是中国历史上有名的揭示善用自己的长处去对付对手的短处,从而在竞技中获胜的例子。从资源配置的角度看,这是一件令人深思的事例。

这个故事说的是,齐国的大将田忌与齐威王赛马,结果反败为胜。《史记》原文的记载是:"齐使者如梁,孙膑以刑徒阴见,说齐使。齐使以为奇,窃载与之齐。齐将田忌善而客待之。忌数与齐诸公子驰逐重射。孙子见其马足不甚相远,马有上、中、下辈。于是孙子谓田忌曰:'君弟重射,臣能令君胜。'田忌信然之,与王及诸公子逐射千金。及临质,孙子曰:'今以君之下驷与彼上驷,取君上驷与彼中驷,取君中驷与彼下驷。'既驰三辈毕,而田忌一不胜而再胜,卒得王千金。于是忌进孙子于威王。威王问兵法,遂以为师。"

这段文言文如果用现代语言表述,大致是:齐国使者,到大梁来,孙膑以刑徒的身份,秘密拜见,劝说齐国使者。齐国使者觉得此人是个奇人,就偷偷地把他藏在车子里,载回齐国。齐国将军田忌,非常赏识他,并且待如上宾。田忌屡次与齐国众公子赛马,设重金赌注。孙膑发现,他们马的脚力都差不多,而马分为上、中、下三等,于是就对田忌说:"您只管下大赌注,我能让您赢。"田忌相信并答应了他,与齐王和诸公子用千金来做赌注。等到比赛即将开始,孙膑说:"现在,用您的下等马,去对付他们的上等马;拿您的上等马,去对付他们的中等马;拿您的中等马,去对付他们的下等马。"在比赛完上、中、下三等马之后,田忌输一场,而赢两场,最终赢得齐王的千金赌注。于是,田忌把孙膑推荐给齐威王。齐威王向他请教了兵法,于是把他当成老师。

田忌的这次赛马,从资源配置原理说,双方的3种马,一共举行3场比赛,每场比赛双方都是各派一种马出阵。则双方3种马出场的资源配置亦即排兵布阵的全部对阵情况,按排列组合原理,共有6种局面。如下表:

表 16-1　田忌与齐王赛马对阵表

	第一场	第二场	第三场	田忌胜负统计	田忌总体胜负
齐王	上	中	下		
田忌1	上	中	下	三场全负	负
田忌2	上	下	中	一胜两负	负
田忌3	中	上	下	一胜两负	负
田忌4	中	下	上	一胜两负	负
田忌5	下	上	中	两胜一负	胜
田忌6	下	中	上	一胜两负	负

　　从上表可以看出，由于田忌每种马的实力都比齐王的同种马稍弱，所以他要在这次竞赛的3场比赛中，获得3场全胜绝无可能。要最终获胜，最低的条件是两胜一负，而这正是田忌的条件即3种马的资源所能争取的最好结果。如何争取，全靠超出常规思维的资源配置。表中田忌的6种配置方案中，只有最佳的第5种方案可以获胜。田忌在著名军事家孙膑的指导下，就是以此种配置形式，以弱胜强，赢得赌注。

　　竞技比赛如此，战争如此，世上一切行事无不同如此理。因此这一则小故事，对今天各个领域、各个具体项目的工作，研究组合管理，研究资源配置等，都可以提供颇为深广的启悟。

第十七法　正确履职法（科学用权法）

> **本法提要**
>
> 本方法的内含结构及介绍的主要内容是：其一，本方法的含义。以李克强9个字的执政理念为引例，贯彻五中全会等中央决议精神，对本方法的基本含义作出介绍。其二，本方法的举例分析说明。以三中全会《决定》15条"全面正确履行政府职能"为本法分析说明的重要举例。其三，本方法的拓展应用。以习近平引用老子《道德经》"治大国若烹小鲜"为拓展应用举例。其四，本方法的历史镜鉴宝典。以丙吉、诸葛亮不同的执政故事，为历史镜鉴宝典举例。如此，以全面正确履行政府职能的界定、执政境界的宏论和不同执政理念、执政风格的展示，乃至正、反事例的比对，形成对本法建设的一般介绍和深层探讨的系统阐释。

一、本方法的含义

李克强在担任总理之后的两次中央两会后的记者招待会上，都用了"行大道，民为本，利天下"，来表达自己的执政理念。党的十八届五中全会指出："坚持发展是第一要务"；推动经济社会持续健康发展，必须遵循"坚持人民主体地位，坚持科学发展，坚持深化改革，坚持依法治国，坚持统筹国内国际两个大局，坚持党的领导"的原则；"必须牢固树立并切实贯彻创新、协调、绿色、开放、共享的发展理念。"正确履职，科学用权，首先就要有正确的执政理念。理念、信念错了，那就谈不上什么方法的优劣了。所以，方法的问题，说到底，其本质是价值观、人生观和世界观问题。2014年7月30日召开的中国最高人民法院党组会议指出,要深刻汲取周永康的教训,引以为戒。周永康出现严重违纪问题,根本原因是:理想信念出了问题,放弃了世界观的改造,背离了为人民服务的宗旨,把党和人民赋予的权力作为谋取私利的手段,凌驾于党纪国法之上。教训十分深刻!

研究正确履职法,具体到政府正确履职,关键在正确用权,从这个角度讲,正确履职法,也是科学用权法。正确用权,要把权力关进制度的笼子。关进制度笼子的权力,并非消极的权力。认为"制度笼子里的权力"是消极权力的认识者,应该立刻反思自己的执政理念了。关进制度笼子的权力,应是积极发挥制度效用、权力效用的权力,而其效用,是正确的执政理念加科学用权的效用。

社会公平正义和人民幸福是全面深化改革的出发点和落脚点,是我们的追求,也是政府、官员履职、用权的宗旨。如何严格地遵循这一宗旨而做到正确履职、科学用权?尤其面对艰难的全面深化改革重任,确实有很多挑战。如,客观世界发展太快而主观认识常常滞后,现实的正确履职、科学用权和必须做到改革发展稳定兼顾的挑战;还有客观变化的世界导致的职责变动性与人的履职能力、政策水平限制的挑战;面对艰难的顶层设计和摸着石头过河,采取积极的价值观而开拓进取,还是消极的价值观而"等靠要"的挑战等等。

面对挑战,我们除了要认真深入学习领会党的十八大及十八届三中、四中、五中全会精神及其具体部署,还应花大力气研究方法,因为没有方法,就好比过河没船、砍柴没斧一样,目的将无法达成。中国古人云:工欲善其事,必先利其器。这就告诉我们,不仅要有工具、有方法,而且工具还要锋利,方法还要高效,从而才能取得事半功倍之效。尤其牵涉履职、用权,这里不仅有能力、水平的挑战,还有道德、品格的检验。即便从目前中央到地方各级政府提得最多的"简政放权"来看,那实质并非简单的不要"政"、不要"权",而是更深层面的科学用权、正确履职的体现,更高层级的执政信仰、执政理念的体现。这具体实践起来,对履职、用权方法要求的精湛,显然要更高一等。

二、本方法的举例分析说明

本方法以三中全会《决定》15条"全面正确履行政府职能"为主例,而以35条"形成科学有效的权力制约和协调机制"等科学用权的诸条为辅助,加以分析说明。同时,这里还必须强调一个前提,那就是四中全会《决定》第三部分"深入推进依法行政,加快建设法治政府"所指出的,"依法全面履行政府职能"要遵循法治政府建设的6条标准,那就是:"职能科学、权责法定、执法严明、公开公正、廉洁高效、守法诚信"。这是政府执政的规范,也是实施履职、用权方法研究的准则。

(一)15条在三中全会《决定》中的位置

15条"全面正确履行政府职能"处在三中全会《决定》第四部分"加快转变政府职能"内含的3条中的第二条,与其前的14条"健全宏观调控体系"和其后的16条"优化政府组织结构"共同完成本部分所界定的任务,但由第四部分和15条标题名字的接近性,即可看到15条在三中全会《决定》第四部分中的核心地位。

(二)15条的内容结构

15条内容结构十分明了,依据之,对正确履职(或科学用权)的框架思路可示意如图17-1。

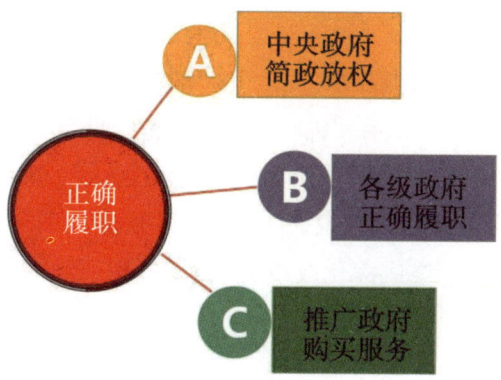

图17-1 正确履职法举例示意图

进一步观察分析15条内部结构可见,该条文本分作3个自然段,为便于更细致地理解、把握和总结、提炼成方法思路、框架,这里将该条内容分作两面三方七点予以理解和阐释。

所谓两面,即:中央政府方面,进一步简政放权(进一步简政放权,深化行政审批制度改革,最大限度减少中央政府对微观事务的管理);各级政府(包括中央政府和其他各级政府)方面,正确履职。

所谓三方,即中央政府、地方政府和提供服务的企业及其他各类社会组织。企业和其他各类社会组织,是政府购买服务产品的提供者,它们良好的服务,是政府正确履职、用权的基础。

七点是具体包含的内容:首先,中央政府进一步简政放权,包含3点内容:(1)取消审批(市场机制能有效调节的经济活动,一律取消审批);(2)保留审批(对保留的行政审批事项要规范管理、提高效率);(3)下放审批(直接面向基层、量大面广、由地方管理更方便有效的经济社会事项,一律下放地方和基层管理)。其次,各级政府正确履职,包含4点内容:一是各级政府都要加强的工作(内含3点:①要加强发展战略、规划、政策、标准等制定和实施;②加强市场活动监管;③加强各类公共服务提供);二是特指中央政府要加强的事项(加强中央政府宏观调控职责和能力);三是地方政府要加强的事项(加强地方政府公共服务、市场监管、社会管理、环境保护等职责);四是推广政府购买服务(包含4项部署:①推广政府购买服务,凡属事务性管理服务,原则上都要引入竞争机制,通过合同、委托等方式向社会购买。②加快事业单位分类改革,加大政府购买公共服务力度,推动公办事业单位与主管部门理顺关系和去行政化,创造条件,逐步取消学校、科研院所、医院等单位的行政级别。③建立事业单位法人治理结构,推进有条件的事业单位转为企业或社会组织。④建立各类事业单位统一登记管理制度。)由此,清晰地表明了推进深化改革,全面正确履行政府职能的框架构成及具体内容。(见图17-2)

下篇 特色实践之法

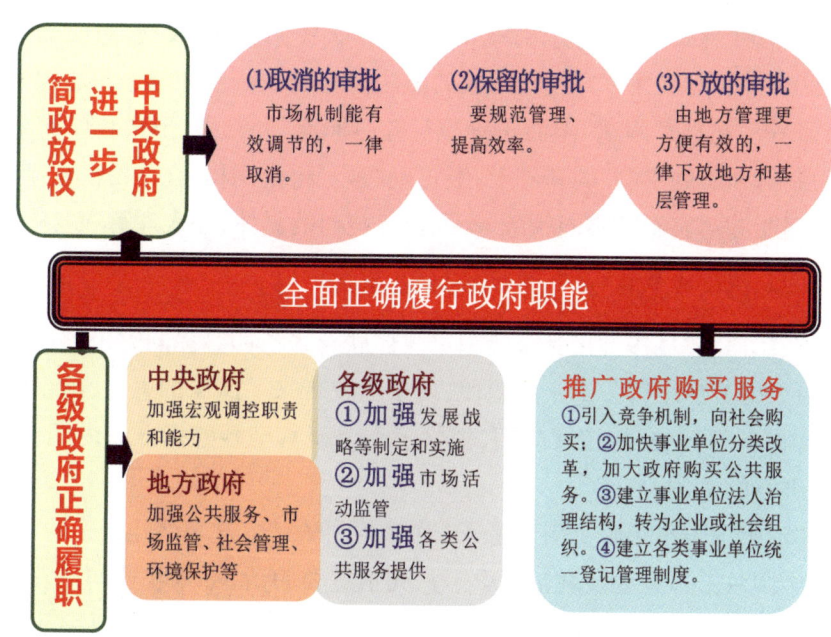

图17-2　正确履职法举例示意图 Ⅱ

（全面正确履行政府职能示意图）

三、本方法的拓展应用

（一）正确履职法（科学用权法）举例的联系思考

正确履职法，在以三中全会《决定》15条为例理解和阐释的基础上，还应与三中全会《决定》第四部分的另两条（14条和16条）的"健全宏观调控体系"和"优化政府组织结构"结合起来，以更深入理解和实现正确履职。同时，辅以三中全会《决定》第十部分35条"形成科学有效的权力制约和协调机制"，以及第九部分32条"确保依法独立公正行使审判权检察权"、第六部分21条"赋予农民更多财产权利"、第五部分19条"建立事权和支出责任相适应的制度"等联系起来，实现科学用权。

通过如上拓展，将15条与35条结合理解，并进一步同32、33以及5、19、21条等联系思考，实现方法升华，使履职、用权中，在完善产权保护等权力

183

确认和有效保护的基础上,对赋予人民(如农民)更多的权利,对明确事权和支出责任,对确保审判权检察权的依法独立公正行使和健全司法权力运行机制等,在15条阐述"全面正确履行政府职能"和35条"形成科学有效的权力制约和协调机制"的基础上,对正确履职、科学用权,在法治的框架下,建立起能够落实到各不同领域、不同业务范畴的具体、深入理解和实施。

(二)正确履职法(科学用权法)拓展应用举例

在2013年3月19日接受金砖国家媒体联合采访回答提问时,习近平一句"治大国若烹小鲜",给正确履职、科学用权带来了深深的思考,给正确履职法(科学用权法)的拓展应用,提供了一个至真至妙的标准和内涵丰富、形象鲜活的实例。

"治大国若烹小鲜",引自老子《道德经》第60章。这句话是老子的名言,也是中国政治思想史及政治哲学上一句很重要的话。如果将这句话发挥起来,可引述的道理及实例很多。简单地说,"小鲜"就是小鱼,或是一块小肉之类的东西。要特别注意"烹"这个字,最有内容和分量,因为它包含着中国特有的文化色彩和深厚的历史积淀。什么叫"烹"?众所周知,做中国菜叫"烹调"。其中,文火叫"烹",大火叫"炒"。炒菜用的火叫"武火",所谓"武火",是烧得很大的火,东西一倒下锅,炒几下,就要把锅提起来,离开大火远一些,否则炒得老了就不好吃了。因此,炒菜练成好厨师的一项硬功夫,甚至可以和少林寺功夫相媲美。

所谓"烹"和"烹小鲜"的道理,讲的是用文火慢慢地、小心谨慎地炖。小火调理小鲜,火要小,动作要轻,且不要多翻动,所以这叫"烹小鲜"。很多名菜都是如此烹出来的,甚至用文火烹上一天两天才好。"大鲜"就不是这么做了,要大火,要猛火煎炸。为什么说"治大国若烹小鲜"呢?我国历代研究老子这一思想的人很多,较为大多数人认可的解释是:"烹鱼烦则碎,治民烦则散,知烹鱼则知治民。"这句话交代了人们烹煎小鱼的方法:下锅烹煎小鱼不能老翻动,否则小鱼就全弄碎了。又有人进一步引申此意,解释为:"烹小鲜不可扰,治大国不可烦。烦则人劳,扰则鱼溃。"结合老子的无为而治阐述，"治大国若烹小鲜"一语，展示了老子治国理政的思想。由此，老子所要表达的治国之道就很明确了，那就是，治理一个大国要像煎小鱼那样，不要常常翻弄，不要翻来覆去，不要动辄扰民，更不要乱折腾。

美国第40任且连任两届的总统里根，据有关资料记载，其早年读过关于老子的书，了解一些道家学说。同时，笔者还了解到，其身边有中国问题专家给他讲述老子及其经典思想。因此，里根在其上世纪80年代的一次国情咨文中，引用中国老子"治大国若烹小鲜"这句名言，以阐明其施政纲领。里根的一句引用，引起热烈反响，《老子》（亦即《道德经》）一书畅销美国，据说当时有8家出版社竞相出版《老子》，导致一时"纽约纸贵"。同时里根从政颇有成效，这也从一个侧面反映了中国以老子为代表的治国理政思想的精髓，及其无比的价值。

新时代背景下，我国新一届中央领导人走上历史的前台，他们深谙中国国情及世界发展态势，至于对老子等中国历代圣贤的理解和对他们宝贵遗产的掌握、运用，更是为外国政要所无可相比。2013年3月19日接受金砖国家媒体联合采访回答提问之后，2014年2月7日，习近平接受俄罗斯电视台记者布里廖夫专访。这次，习近平虽然没有再引用老子的这句话，但从他回答的具体内容可以看到，那是他对"治大国若烹小鲜"的又一次具体解读。

布里廖夫的问题是："您担任中国国家主席快一年了，领导中国这么大的国家，您的感受是什么？"

习近平回答："中国有960万平方公里国土，56个民族，13亿多人口，经济社会发展水平还不高，人民生活水平也还不高，治理这样一个国家很不容易，必须登高望远，同时必须脚踏实地。我曾在中国不同地方长期工作，深知中国从东部到西部，从地方到中央，各地各层级方方面面的差异太大了。因此，在中国当领导人，必须在把情况搞清楚的基础上，统筹兼顾，综合平衡，突出重点、带动全局，有的时候要抓大放小、以大兼小，有的时候又要以小带大、小中见大，形象地说，就是要十个指头弹钢琴。"（《习近平谈治国理政》102页）

习近平以老子一句名言"治大国若烹小鲜",引出了古今中外的众多名人、名言,得出了更为丰富的治国理政思想和实践:"了解中国要切忌'盲人摸象'";"宰相必起于州部,猛将必发于卒伍";"如履薄冰,如临深渊";牢记人民重托,牢记责任重于泰山;人民是我们力量的源泉……这些或者如潺潺溪流,或者像滔滔江河,或者如和风细雨,或者像雷霆万钧的表述,给我们展示了新一届中央领导人的治国理政风范,同时,也给我们实践正确履职、科学用权之法提供了表率。

四、本方法的历史镜鉴宝典

正确履职、科学用权的概念,大体包括两重内涵:一是按照政策法纪履行权力,即十八届四中全会决议所说的"把权力关进制度的笼子",要求履权者保持道德操守、遵循制度准则;二是根据职务属性和规范方式去行使权力,要求履权者具有真知灼见、能力水准。后一项内涵未必涉及贪污腐败,却同样关系着事业的成功与否。将两重内涵综合考量,则意蕴更为深邃,中华传统文化对此有极为深刻的分析论述。汉代宰相丙吉的问牛不问人,和三国时期诸葛亮的事必躬亲,即是发人深省的例证。

据《汉书·丙吉传》:"吉又尝出,逢清道群斗者,死伤横道。吉过之不问,掾史独怪之。吉前行,逢人逐牛,牛喘吐舌。吉止驻,使骑吏问:'逐牛行几里矣?'掾史独谓丞相前后失问,或以讥吉,吉曰:'民斗相杀伤,长安令、京兆尹职所当禁备逐捕,岁竟奏行赏罚而已。宰相不亲小事,非所当于道路问也。方春未可大热,恐牛近行用暑故喘,此时气失节,恐有所伤害也。是以问之。'掾史乃服,以吉知大体。"

文中说的是西汉宣帝时期以关心百姓疾苦著称的丞相丙吉外出考察民情的经过:途中遇到行人斗殴,死伤的人躺在路边,丙吉却不闻不问,驱牛而过。掾史感到很奇怪。过了一会儿,又看到有人赶牛,牛气喘吁吁,大张着嘴,舌头都伸出来了。丙吉马上停车,让随从去询问:"赶牛走多远了?"随从下属非常不理解丙吉对前后两件事分别采取的问与不问的做法,有的甚至议论丙吉重畜轻人。

丙吉回答说:"百姓相互斗殴杀伤,属于长安守令、京城长官之类地方官吏制止斗殴、追捕凶犯的职权范围。只须在年终考绩后,向朝廷报告,请皇帝根据考评情况予以奖惩而已。身为宰相,我的职责是"论道经邦、燮理阴阳"的国家大事,不须亲自接触小事,所以不应当在道路上过问这类具体事件。而问牛的事则不同,如今是春天,天气还不应该太热,如果那头牛是因为天太热而喘息,那么我就担心现在的气候不太正常了,农事势必会因为气候失常而有所伤害。所以要过问牛的事。"下属这才信服,并由此了解到丙吉识大体的宰相度量。

诸葛亮事必躬亲的做法,见晋代陈寿的《三国志·诸葛亮传》:"事无巨细,亮皆专之。"唐代对诸葛亮推崇备至的大诗人杜甫,也说诸葛亮是"志决身歼军务劳"。小说《三国演义》第一百十三回增添了司马懿向蜀国使者询问诸葛亮主持军务情况及起居饭量详情,在赞叹其烦劳不懈精神的同时,预言其生命不会长久等情节,从而进一步诠释了《三国志》的说法,并引蜀国主簿杨颙的谏书为证。《谏书》云:

"某见丞相常自校簿书,窃以为不必。夫为治有体,上下不可相侵。譬之治家之道,必使仆执耕,婢典爨,私业无旷,所求皆足,其家主从容自在,高枕饮食而已。若皆身亲其事,将形疲神困,终无一成。岂其智之不如婢仆哉?失为家主之道也。是故古人称:坐而论道,谓之三公;作而行之,谓之士大夫。昔丙吉忧牛喘,而不问横道死人;陈平不知钱谷之数,曰:自有主者。今丞相亲理细事,汗流终日岂不劳乎? 司马懿之言,真至言也。"

在《二十四史》中,丙吉和诸葛亮都是备受称誉的"贤相",而诸葛亮在中国传统文化中,已形成智慧的象征。在德才政绩层面,其声望影响更远远超过丙吉,以致被杜甫誉为"大名垂宇宙",认为诸葛亮的功业和商代、周代的开国贤相伊尹、姜吕尚不相上下;在指挥若定上,更让萧何、曹参相形见绌。杜甫的评价确也得到广泛认同。

然而从上面引述的事例看,丙吉、诸葛亮二人对同一个"宰相职权范围"问题的把握上,又似乎明显不同。按照今天"科学用权"的标准,当然应以丙吉的做法和观点为宜。宋代史学家范祖禹在其著名史论著作《唐鉴》的

图解方法话深改

《君主大臣各有其职》《宰相的职责在于求贤》等篇中，就明确肯定并反复强调了丙吉的观点："唐太宗责宰相以求贤，而不使之亲细务，能任贤以其职也。……苟不务此，而治簿书期会、百吏之事，岂所谓相乎？"美国有一位颇具名气的企业管理顾问也援引此例提醒管理者："授权重于领导。别做下属能做的事。领导者不应是一个'做事者'，成功的领导一定是个'成事者'。别忘了，三国时的诸葛亮就是这么累死的。充分授权，分层负责，听起来简单，做起来不易。"

当然，正如许多史学家指出的，以诸葛亮的绝顶智慧和韬略，当然不会不懂得丙吉所说的道理。他之所以明知其理而有意违理而行，其实有其不得已的苦衷，正如《三国演义》所描述的诸葛亮览毕杨颙谏书后所表露的百感交集的心情那样，"孔明泣曰：吾非不知。但受先帝托孤之重，惟恐他人不似我尽心也！"诸葛亮明知不妥却一再坚持的做法，正是他"两朝开济老臣心"的崇高操守、忠贞品节的充分展现，也更凸显了其历史形象的悲壮色彩。

在全面改革开放、共圆中华民族复兴的中国梦的大业中，摒除具体行事的方式及其纷繁争议的浮尘，则丙吉阐述的正确履职的观念原则，和诸葛亮"鞠躬尽瘁、死而后已"的事业精神，各从其不同侧面，分别为后人提供了本文开头所说正确履职两重内涵的足资效法的前鉴。

下篇 特色实践之法

第十八法　底线控制法

本法提要

　　本方法的内含结构及介绍的主要内容是：其一，本方法的含义。以一则党员队伍纯洁性工程实践探索实例开头，并对方法的内含作了阐释。其二，本方法的举例分析说明。以三中全会《决定》52条"划定生态保护红线"为本法分析说明的重要举例。其三，本方法的拓展应用。以习近平讲话"把权力关进制度的笼子里"的形象表述及系统性建设，为拓展应用举例。其四，本方法的历史镜鉴宝典。以《论语》中孔子与他的学生关于治国理政要素"兵、食、信"的讨论，作为历史镜鉴宝典举例。从而以党的组织建设底线、生态保护底线、权力控制底线和治国理政的诚信底线等4个底线控制为例，达成现实与历史系统解析，自然与社会交融认识，生态保护、组织建设、信用建设、政权维护对照、联系深化理解，完成本方法的阐释。

　　至此，作为本书介绍的最后一法，同时实现了全书的首尾相接：以追求和实现总体、全局的总体驾驭法开始，以底线控制法突出诚信建设、信誉建树结尾，使全书首尾照应，形成一体。

一、本方法的含义

　　据浙江奉化新闻网报道，针对新时期党员组织、党员队伍建设特点，奉化市开展了以健全党员能进能出机制为主要内容的党员队伍纯洁性工程，重点对不合格党员退出机制进行了探索试点，摸索实施了以"分类定标、分层积分、分时考评、分步退出"为主要内容的"底线管理四分法",收到明显成效。

全面深化改革,面临很多临界点的挑战。三中全会《决定》指出:"改革进入攻坚期和深水区",改革要"啃硬骨头""涉险滩",从成功进行风险控制、危机管理的角度来看,就必然需要具有底线思维和底线控制的能力。

底线思维、底线控制首先是法治思维、法治控制。四中全会指出:"坚持依法治国、依法执政、依法行政共同推进,坚持法治国家、法治政府、法治社会一体建设,实现科学立法、严格执法、公正司法、全民守法,促进国家治理体系和治理能力现代化。"

底线思维、底线控制应有一些基本的内涵,党的中央全会决定反复指出的大局观念、忧患意识、问题引领、改革创新等,就展示了立足全局、有备无患、善于取舍、主动进取等必要的内容构成。

底线思维、底线控制不是消极的,它是基于对人民利益高度负责任,对改革发展稳定形势的严格掌控要求而提出的。对于一些重要行业、部门、区域,对于一些关键点、关键指标、关键要素等,都要做到心中有数,底线掌握清晰,备案、预案建设充分,制度、体制、机制及物资、人员等要素保障到位,从而实现底线控制的有效、成功。

二、本方法的举例分析说明

本方法以三中全会《决定》52条"划定生态保护红线"为主例,同时学习贯彻五中全会《建议》关于"加大环境治理力度""筑牢生态安全屏障"等部署,加以分析说明。

(一)52条在三中全会《决定》中的位置

52条处在三中全会《决定》第十四部分"加快生态文明制度建设"内含的4条中的第二条,与其前的51条"健全自然资源资产产权制度和用途管制制度"及其后的53条"实行资源有偿使用制度和生态补偿制度"、54条"改革生态环境保护管理体制"一道,共同完成加快生态文明制度建设的重任。该条以"红线"的方式,从底线思维的角度,提出了底线控制之线,为其他几条的制度、体制建设提供了根本性依据、标准和保障。

(二)52条的内容结构

52条内容文本的构成,分作两个自然段,阐述要点清晰,层次清楚。这里提炼成一线两面六点作出分析和建立方法框架(见图18-1)。

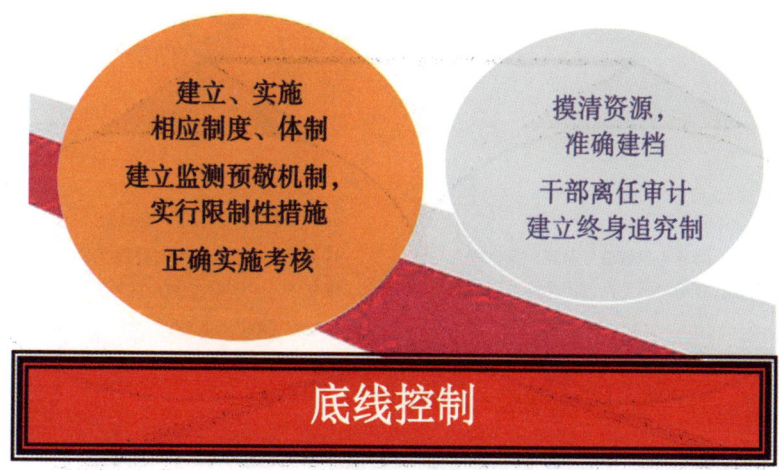

图18-1 底线控制法举例示意图

进入52条,进一步按照一线两面六点作出细化理解。

其一,一线,即划定生态保护红线。这是所有相关制度及体制、机制和实施举措建设必须护卫区域的边疆,必须事事、时时坚守的底线、边界。

其二,两面,即为确保不逾越生态保护红线的两个方面的制度、体制、机制建设。一方面建立积极的运行制度、体制、机制;另一方面摸清资源和实行审计、追究。

其三,六点,即六点举措。一是实行主体功能区制度。即:坚定不移实施主体功能区制度,建立国土空间开发保护制度,严格按照主体功能区定位推动发展,建立国家公园体制。二是建立资源环境承载能力监测预警机制。即:建立资源环境承载能力监测预警机制,对水土资源、环境容量和海洋资源超载区域实行限制性措施。三是某些重点生态脆弱县取消国内生产总值考核。即：对限制开发区域和生态脆弱的国家扶贫开发工作重点县取消地区生产总值考核。四是编制自然资源负债表。五是对领导干部实行自然资源资产离任审计。六是建立生态环境损害责任终身追究制。

由此系列性制度、体制、机制及举措的发布、实施，使建立生态保护红线的底线控制获得成功。（见图18-2）

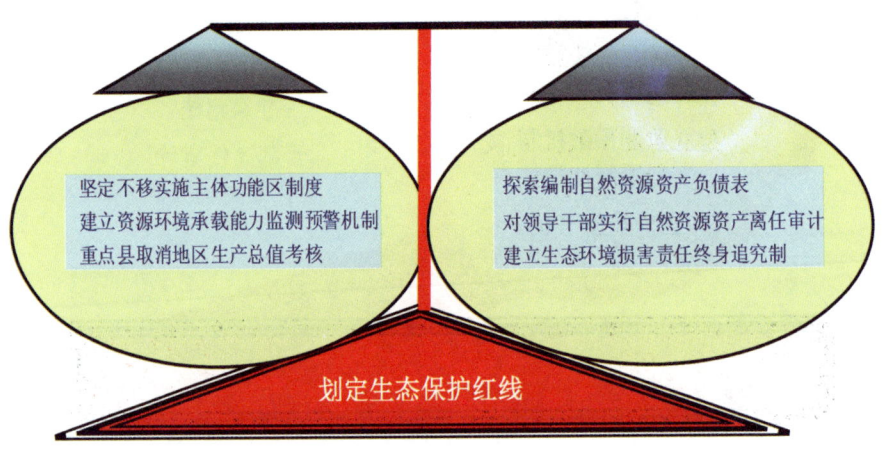

图18-2　底线控制法举例示意图Ⅱ

（划定生态保护红线示意图）

三、本方法的拓展应用

（一）底线控制法举例的联系思考

生态保护红线，它既是生态物质保护红线，同时也是生态文化、生态精神保护红线，是整个物质的、精神的生态文明保护红线。完善的生态保护红线，要通过完善、配套的制度、体制、机制建设，才能得到完善的保护。

52条所处三中全会《决定》的第十四部分，由4条构成，其中第一条，即51条，也就是52条的前一条，首先从"健全自然资源资产产权制度和用途管制制度"入手，为节约、集约使用资源，科学使用资源，以及明确资源所有、资源保护和资源管制职责奠定了基础和前提。接下来,第十四部分的第三条,即53条,也就是52条的后一条,其在51、52条的基础上,明确"实行资源有偿使用制度和生态补偿制度"的建设,从而建立了积极、科学、可持续地发掘和运用资源的制度规范。第十四部分的第四条,即这部分的最后一条,从体制建设的角度,明确"改革生态环境保护管理体制",对第十四部分的"加快生态文明制度建设"及其52条"划定生态保护红线"起到体制保障作用。

对于生态保护红线的完善坚守,必须进一步拓宽视野而看到,政治、经济、文化、社会、生态等五位一体的制度设计是统一的,因此,生态文明制度的建设及其生态保护红线的坚守,也绝非只是生态文明建设的事,只有实现了全面深化改革及其制度、体制、机制完善建设,这一具体的红线才能保护到位、落实到位。而反过来,将这一思维用于五位一体制度设计和实施的其他方面,则可对改革大局的稳定深入推进,起到科学、可靠的保障作用。

2014年10月,党的十八届四中全会召开,作出《中共中央关于全面推进依法治国若干重大问题的决定》。该《决定》是对三中全会《决定》部署的实施推进,是对三中全会顶层设计实施的保障,因此,底线思维、底线控制之法,在四中全会《决定》中频频展现。譬如,在四中全会《决定》的第一部分中,阐述全面推进依法治国的5项原则的第一条原则"坚持中国共产党的领导"时就表明:"党的领导是中国特色社会主义最本质的特征,是社会主义法治最根本的保证。把党的领导贯彻到依法治国全过程和各方面,是我国社会主义法治建设的一条基本经验。"在四中全会《决定》第二部分中,阐述"完善立法体制"时,进一步阐明:"加强党对立法工作的领导,完善党对立法工作中重大问题决策的程序。凡立法涉及重大体制和重大政策调整的,必须报党中央讨论决定。"在四中全会《决定》第四部分中,阐述"完善确保依法独立公正行使审判权和检察权的制度"时,更进一步细化到对领导干部的具体的、底线的、制度化的要求:"各级党政机关和领导干部要支持法院、检察院依法独立公正行使职权。建立领导干部干预司法活动、插手具体案件处理的记录、通报和责任追究制度。"由上述举例可见,四中全会《决定》展示的底线思维和底线控制,从最高层面党的领导不可动摇,到完善立法,再细化到对领导干部守法的制度化要求,体现了系统性的底线思维和控制之法的严密逻辑贯串和严谨实施推进,给我们具体实践底线控制之法提供了学习的典范。

(二)底线控制法拓展应用举例

"把权力关进制度的笼子里"的形象表述及系统性建设,为底线控制法的拓展应用,提供了一个生动鲜活、内涵丰富的实例。

2013年1月22日,习近平在中共十八届中央纪律检查委员会第二次全会上的讲话中强调:"要加强对权力运行的制约和监督,把权力关进制度的笼子里,形成不敢腐的惩戒机制、不能腐的防范机制、不易腐的保障机制。""把权力关进制度的笼子里"的形象表达,引起了各界人士的广泛关注和深入讨论。同时,这一形象的表述,也为底线控制法的拓展应用,提供了一个现实意义迫切、历史价值久远的典型例证。

怎样才能保障权力的持续健康运行?这是长期困扰我们的一个难题。别的国家和更为久远的历史不说,仅从新中国建立以来,围绕权力问题,反反复复,无数次地探讨、实践,但一直走不出一个怪圈,那就是中央和地方的"收权"还是"放权'的怪圈。往往中央一集权,下边就"死"了;中央一往下分权,下边就又乱了。形成所谓的一统就死、一放就乱的循环怪圈。其实,这怪圈的形成,真实本质是没有走出"人治"的怪圈,以致问题长期得不到,也无法得到真正的解决。

"把权力关进制度的笼子里",一句生动、形象的表述,解决了长期的困扰。"把权力关进制度的笼子里",是对权力与制度关系的形象概括,也是回归权力本质的必然要求。要做到"把权力关进制度的笼子里",第一,先要有"制度的笼子"。而制度笼子有三:一是民主的笼子,决策要有科学、严谨的民主程序;二是法治的笼子,要有完备的法治,要依法行政;三是监督的笼子,要建立完善、有效的监督,决不能让权力脱离人民民主国家的赋权。这3个笼子,要具备两大特征:一是透明,二是有边界。权力的行使,必须在阳光之下,必须按照法定权限和程序,不能随心所欲;必须在一定的范围内,范围不能过大(过大会趋向无边界,导致权力寻租,损害人民利益),也不能过小(过小会使人民需要的权力不能提供或无法行使,人民利益无法满足)。实践证明,一个好的制度,一定具有客观性、代表性和适度性、可操作性,必然是以强制性为后盾,必然是以科学分权的专门机构的有效的权力制衡为保障,必然体现客观的发展规律。好的制度一旦制定出来,包括制定者都不准和无法随意违反。

第二,是要把权力"关住"。仅仅有了笼子还不行,还必须确保这笼子有效率,能够关住东西,关住权力。党的十八大明确提出,要建立健全权力运行的制约和监督体系,要让权力在阳光下运行。要加强党内监督、民主监督、法律监督、舆论监督,形成不能腐、不敢腐、不易腐的3个机制,建立起纲纪严明的制度规范,确保让制度发挥其应有的作用。

第三,要正确地把握权力与制度的关系。要真正树立起3种观念,即:(1)权力要受制度约束。制度是为约束权力而产生的,依法治国就是要依法治权,不受约束的权力必然导致腐败。(2)制度大于权力。制度是党和人民意志的体现,权力往往由制度赋予,任何组织或者个人,都不得有超越宪法和法律的特权。(3)制度的力量在于执行。各级领导,应自觉地在制度的范围内活动,自觉地用制度来规范自己的言行,约束自己手中的权力。

第四,"把权力关进笼子里",还要确保切实落实到行动上。其中,最重要的就是,各级领导干部须作出表率。要防止和克服地方和部门的保护主义、本位主义,绝不允许"上有政策、下有对策",有令不行、有禁不止。

如何让制度关住权力?重点在于把握住3个环节。"把权力关进制度的笼子里",涉及权力产生、权力运行、权力监督这一系统化过程,制度关住权力,表现为3个基本环节(即:打开笼子、装进笼子、关上笼子)的落实和3个基本环节的有机统一。只有这3个基本环节环环过硬且有机统一,形成严密的体系,制度才能真正管住权力,实现权力的良性运行。

对于制度与权力的关系,对于确保制度管住权力,还必须更进一步作出深入探讨。

在我国漫长的革命历程上,许多革命前辈为新政权的建设和运行作出艰苦卓绝的探索,是他们,用鲜血、用生命换来了今天的人民政权。许多革命前辈,他们也曾经非常有权,但他们时刻以共产党人的标准、以严格的制度要求自己,而不惜一生清贫。1925年加入中国共产党,赣东北革命根据地创始人,1935年1月被俘,当年英勇就义,时年仅36岁的革命烈士方志敏,当时当着中国工农红军北上抗日先遣队军政委员会主席的"高官",可是在不幸被捕时,国民党兵到死也不会明白,他们搜遍这位共产党"大官"的全身,竟然没有一块铜板。方志敏在他著名的《清贫》一文中写道:"我从事革命斗争,已经十余年了。在这长期的奋斗中,我一向是过着朴素的生活,从没有奢侈过。经手的款项,总在数百万元;但为革命而筹集的金钱,是一点一滴地用之于革命事业。"面对敌人屠刀的大义凛然,面对人民革命事业的赤胆忠心,一个共产党人的崇高形象,屹立于我们面前!

众多革命前辈可歌可泣的事迹,让我们极为震撼地看到,革命的崇高信念,使我们党的制度,即使在革命的早期,在诸多制度非常不健全、不完善之时,在履权行政上竟然能做到如此的公正严明。可能有人会说,那是在革命战争年代,那是老黄历了,现在时代不同了。是这样吗?就在去年,笔者了解到,西藏有这样一位正省级老干部,1938年10月参加革命,1945年6月加入中国共产党,抗日战争、解放战争以及和平解放西藏、民主改革西藏和建设西藏的功臣,去年去世时,其身后只有自己居住的一套普通住房,基本没有存款,而且对后事处理要求家人做到"五不":不设灵堂;不摆花圈;不开追悼会;不搞遗体告别仪式;不告诉其他人,不干扰其他人正常工作、生活。对他的去世,中央三代领导人均致哀悼,西藏电视台连续几天播报,誉其为"一身正气,两袖清风"。

今天讨论制度管住权力,毫无疑问,我们必须切实加强制度的建设,纪律的约束,底线的控制。为了严明党纪,落实从严治党,2015年10月12日,中共中央政治局审议通过了2016年1月1日开始执行的133条《中国共产党纪律处分条例》和8条《中国共产党廉洁自律准则》。在强化纪律约束的同时,我们还必须加强激励,弘扬正气,弘扬宝贵革命传统,坚守革命信念,而这是制度管住权力的最根本保障,最强大底线。我国新一届中央领导集体,创新提出"把权力关进制度的笼子里"的著名论断,坚持学习借鉴古今中外所有有益于治国理政的理论和实践,坚持发扬宝贵革命传统,并已有效地运用于中国改革发展的现实。

四、本方法的历史镜鉴宝典

"底线控制"是防止事物性质由量变到质变的关键方法。世间万事万物,既有在一定范围内可以权衡变动的幅度,也有为保证事物的本质或根本宗旨不变而不得突破的红线。确保已经界定的红线不被逾越,是古今政治家军事家及经济文化外交内政等各方面的成功管理者所共同遵循的原则。就治理国家所必备的宏观要素而言,孔子与其得意门生、后来成为著名外交家的子贡,有一段关于治理国家底线条件的底蕴深沉、内涵丰厚的对话。《论语·颜渊第十二》第七段云:

子贡问政。子曰:"足食,足兵,民信之矣。"子贡曰:"必不得已而去,于斯三者何先?"曰:"去兵。"子贡曰:"必不得已而去,于斯二者何先?"曰:"去食。自古皆有死,民无信不立。"这段对话的意思是:子贡向孔子请教治理国家的办法。孔子说,只要有充足的粮食,充足的战备以及人民的信任就可以了。子贡问,如果迫不得已要去掉一项,三项中先去掉哪一项?孔子说:去掉军备。子贡又问,如果迫不得已还要去掉一项,两项中去掉哪一项?孔子说,去掉粮食。自古人都难逃一死,但如果没有人民的信任,就什么都谈不上了。

针对子贡"如何才能把治国大政的事办理好"的发问,孔子指出:必须有3个必要条件:充足的粮食,充分的军备,老百姓对统治者的信任。这当然是治理国家比较完备的理想条件,但当时(春秋后期)很少有哪个诸侯国能够完全具备这些条件,而子贡等孔子的学生在离开孔子后,又很可能必须到某个条件并不完备的诸侯国去辅助治理。所以子贡又进一步提出,在3个条件不能完全具备的情况下,缺少3项中的哪一项,造成的困难更少一些?此问实际为子贡自己及其"同窗"将来的去处,向老师请教"预案",但问得很委婉含蓄。孔子果然也体谅其心理,给出3者缺少军备一项:"去兵"损失更小一些。子贡见夫子如此循循善诱,索性"打破砂锅问到底",提出更极端的问题:"在剩下的两项中,如果再减去一项,只剩下治理国家绝对不能缺少的底线条件,应该再去掉哪一条?"孔子则毫不犹豫地回答:"去食。"只是不同于前两次回答的是,孔子在说明治国的底线条件之后,又作了对底线条件的进一步阐释:治理一个国家,应当具备3个起码条件:食、兵、信。但这3者当中,信是最重要的,其次是粮食,再次是军备。这体现了儒学的人学思想。只有兵和食,而百姓对统治者不信任,这样的国家是不能存在下去的。反之,只要有了百姓的信任拥护,即使暂时没有充足的粮食、军备,也可以坚持下去,粮食、军备将来都会有的。

孔子的其他条件都可以放弃,只有"民信"的条件绝不能缺少的"治理底线控制法",是一条被历史上无数事实证明的、极具真知灼见和人文洞察深度的命题。这一重大命题,在我国重大改革的史实上,也留有诸多惊天地泣鬼神的记载。例如,戊戌变法失败后,谭嗣同本可以像其他几位"君子"一样,暂避厄运,然而,为了"主义",他选择慨然赴死。面对生死之大事的人生抉择,谭嗣同昂然选择了死,原因何在?本质同样如孔子所云,一个"信"字了得!

多少惊心动魄的惨烈壮举,多少血写的历史,都反复印证了孔子揭示的治国底线,那就是:"自古皆有死,民无信不立。"同样,作为一个组织的行事底线、一个人的为人底线,孔子在《论语·为政第二》中也有言可作定律,那就是:"人而无信,不知其可也。"意思是告诉我们:做人或选人的底线是信用,一个人不讲信用,那就不知道他还有什么可取的了。2012年11月,党的十八大对社会主义核心价值观作出24字的最新概括,"诚信"位列其中。一个"信"字的千年认知,在当今中国社会,得到了核心位置的彰显。

主要参考书目

1. 中国共产党第十八届中央委员会第五次全体会议文件汇编[G].北京:人民出版社,2015.
2. 本书编写组.《中共中央关于全面深化改革若干重大问题的决定》辅导读本[M].北京:人民出版社,2013.
3. 本书编写组.《中共中央关于全面推进依法治国若干重大问题的决定》辅导读本[M].北京:人民出版社,2014.
4. 中共中央宣传部.习近平总书记系列重要讲话读本[M].北京:学习出版社,人民出版社,2014.
5. 国务院新闻办公室会同中央文献研究室,中国外文局.习近平谈治国理政[M].北京:外文出版社,2014.
6. 中国共产党第十八次全国代表大会文件汇编[G].北京:人民出版社,2012.
7. 本书编写组.关于完善社会主义市场经济体制若干问题学习读本[M].北京:中共中央党校出版社,2003.
8. 党的十五届四中全会文件学习辅导[M].北京:中国言实出版社,1999.
9. 毛泽东选集[M].北京:人民出版社,1964.
10. 吴敬琏,马国川.中国经济改革二十讲[M].上海:三联书店,2012.
11. 厉以宁.中国经济双重转型之路[M].北京:中国人民大学出版社,2013.
12. 于幼军.社会主义在中国(1919—1965)[M].广州:广东教育出版社,2011.
13. 周三多.孙子兵法与经营战略[M].上海:复旦大学出版社,1997.
14. 缪文远,罗永莲.战国策[M].缪伟,译注.北京:中华书局,2014.
15. 商君书[M].石磊,译注.北京:中华书局,2013.
16. 高亨.周易大传今注[M].济南:齐鲁出版社,1983.

17.礼记[M].北京:北京大学出版社,2000.

18.李泽厚.论语今注[M].北京:北京三联书店,2004.

19.吕氏春秋[M].哈尔滨:黑龙江人民出版社,2004.

20.经传诸子语选[M].张舜徽,辑.北京:中国人民大学出版社,2006.

21.后汉书[M].北京:中华书局,1998年影印1936年四部备要本.

22.冯梦龙.智囊笔记小说大观本[M].扬州:江苏广陵古籍刻印社,1984.

23.钱穆.国学概论[M].北京:商务印书馆,1997.

24.祁承煠等.读书四观[M].武汉:湖北辞书出版社,1997.

25.夏乃儒.中国哲学三百题[M].上海:上海古籍出版社,1989.

26.金良年.帝王权谋术[M].上海:上海古籍出版社,1989.

27.徐舜杰.汉族风俗史[M].上海:学林出版社,2004.

28.埃德·惠塔克里,莱斯利·考利.重振通用[M].程亚克,译.北京:中信出版社,2014.

29.鲍勃·卢茨.绩效致死[M].张科,译.北京:中信出版社,2013.

30.格雷厄姆·艾利森,罗伯特·D.布莱克威尔、阿里·温尼.李光耀论中国与世界[M].杨宗强,译.北京:中信出版社,2013.

31.约翰·奈斯比特,多丽丝·奈斯比特.中国大趋势[M].魏平,译.长春:吉林出版集团,北京:中华工商联合出版社,2009.

32.杰里米·里夫金.第三次工业革命[M].张体伟,孙豫宁,译.北京:中信出版社,2012.

33.罗纳德·哈里·科斯,王宁.变革中国[M].徐尧,李哲民,译.北京:中信出版社,2013.

34.吉姆·柯林斯,杰里·波勒斯.基业长青[M].真如,译.北京:中信出版社,2006.

35.丹尼尔·卡尼曼.思考快于慢[M].胡晓娇,李爱民,何梦莹,译.北京:中信出版社,2012.

36.理查德·霍夫施塔特.美国政治传统及其缔造者[M].崔永禄,王忠和,译.北京:商务印书馆,2010.

后　　记

本书选题确定于两年之前。于此前后,在安徽省参事室系统、行政学院系统和讲师团系统的大力支持下,我们采取专题调研、配合其他有关课题调研和信息追踪等方式,先后对上海、重庆等市,江苏、湖南、安徽、辽宁、甘肃、西藏等省(自治区)和港、澳、台地区,希腊、意大利、越南、美国、新西兰等国进行了广泛区域和多个角度、多种形式的调查研究、资料分析。深入分析国内改革实例及国际相关参照,我们深切感到,中国当前的改革已经远远不同于30多年前的小岗村拉开改革序幕的时期,中国改革已经进入一个需要全面深化的历史新阶段。

追踪改革的步步深入推进,我们一方面感受到几乎遍布社会各阶层对深化改革的热切期盼,一方面又感受到改革的持续动力不足,手段、方法不足,同时历次中央全会精神的宣传贯彻落实,短期性,乃至时点性太过强烈,而在很多区域或系统,缺乏一以贯之的持续性、坚韧性,深度的系统性、统一性,这就又进一步加剧了社会需要全面深化改革的矛盾。

我国社会表现的对改革的广泛需求,令我们激动,而改革的持续动力及方法、手段不足,又让我们忧虑;国际上的希腊等国债务危机、难民困扰等表象,通过实地对话,实质分析病根之所在,更使我们警觉。因此,本书选定立足于系统性理解十八大及十八届三中、四中、五中全会精神基础上,从方法、手段的角度谋求创新,力求推进中央全会关于全面深化改革精神的系统贯彻,推进"创新、协调、绿色、开放、共享"发展的深度落实。

感谢安徽省人民政府参事室,"咨询国是"平台给了笔者几年理论提升和实战锻炼,形成了构建本书的基本视野和必要责任心。参事室以及参事室系统的各级领导始终如一地关注、扶持,参事处等部门全力支持成书和成果推广。恰逢安徽省人民政府参事室成立60周年,谨以此书作薄礼奉上!感谢安徽行政学院、安徽经济管理学院以及行政学院系统,给予笔者长年的理论积累和实践历练。主要领导亲自参与讨论,多次组织论证,科研、培训等部门积极支持成书、办理资助出版和成果推广。感谢安徽省直工委讲师团及讲师团系统,长达几年的合作和严密组织的党的中央全会精神系统、全面宣讲,促成笔者从事建立此类方法的探索和积累成系统性方法,并得以将成果多渠道传播和奉献。感谢安徽人民出版社领导和编辑从精准选题、深邃立意、书名海选、架构设计,到篇章布局、内容推敲、精选插图,再到版式、字、词、标点,精心审题,细致审稿,全方位研判,系统性探究,研机析理,字斟句酌,使本书得以高质量出版。感谢笔者撰稿过程中所参阅的大量著作、论文、资料的原作者,是他们的辛勤劳动给了我们多方位的深邃的启迪。更要感谢听取笔者有关专题课程、讲座、报告会,特别是同笔者深入讨论众多改革难题和探寻对策的领导,以及工作在第一线,为笔者提供了大量鲜活实例和见解的朋友,没有他们的激励、指点,没有他们的积极参与和热情支持,更是根本不可能历时多年坚持调研提出这个创意,又历时两年坚持撰稿、成稿。

  此书是精诚合作的结晶。书的选题、框架结构设计及表意图,首先由安徽省人民政府参事、安徽行政学院(安徽经济管理学院)王效昭教授作出;在此基础上,与安徽宿州学院孟二冬精神及传统文化研究所所长、赛珍珠-布克研究所所长鄢化志教授,安徽省教育宣传中心刘乃汤编审共同承担审题和研究、确定内容选材及进行文字撰稿;由安徽行政学院(安徽经济管理学院)徐冬梅副教授重新绘制方法结构关系图。

  此书是探索,此书不完美。不论是与党的中央全会决定高屋建瓴的内容高度相比,还是与需要"啃硬骨头"、需要"涉险滩"的全面深化改革需求对照,更有与发展形势和广大读者的殷殷期待比较,都相距甚远。因此,笔

后记

者热切期待读者朋友的批评、建议。本书的进一步完善,是我们的共同心愿,因为全面深化改革顶层设计的到位实施,中央部署的众多战略、战役和战术的落实,乃至"十三五"规划的实践,两个百年目标的实现,都需要提供持续动力,都需要创新工具、创新方法,用代表先进生产力的先进工具和有效方法去实际践行艰难的改革发展目标,去圆中华民族的伟大复兴之梦。

作 者

2015年11月30日